# 少年读 左宗棠

尤学工
翟士航

著

台海出版社

图书在版编目（CIP）数据

少年读左宗棠 / 尤学工 , 翟士航著 .-- 北京：台海出版社 ,2024.2

ISBN 978-7-5168-3857-0

Ⅰ . ①少… Ⅱ . ①尤… ②翟… Ⅲ . ①左宗棠 (1812-1885) —传记—少年读物 Ⅳ . ① K827=52

中国国家版本馆 CIP 数据核字 (2024) 第 095041 号

**少年读左宗棠**

| | |
|---|---|
| 著　　者：尤学工　翟士航 | |
| 出 版 人：薛　原 | |
| 责任编辑：王　艳 | |

出版发行：台海出版社

地　　址：北京市东城区景山东街20号　邮政编码：100009

电　　话：010-64041652（发行，邮购）

传　　真：010-84045799（总编室）

网　　址：www.taimeng.org.cn/thcbs/default.htm

E－mail：thcbs@126.com

经　　销：全国各地新华书店

印　　刷：天津嘉恒印务有限公司

本书如有破损、缺页、装订错误，请与本社联系调换

开　　本：710 毫米 ×1000 毫米　　　1/16

字　　数：186 千字　　　　　　印　　张：16.75

版　　次：2024 年 2 月第 1 版　　印　　次：2024 年 2 月第 1 次印刷

书　　号：ISBN 978-7-5168-3857-0

定　　价：58.00 元

序

　　左宗棠（1812—1885 年），字季高，一字朴存，湖南湘阴人。晚清政治家、军事家、民族英雄及洋务派代表人物之一。左宗棠出生于湖南省长沙府湘阴县左家塅，四岁随父亲到长沙读书。十五岁应长沙府试，得第二名。二十岁参加乡试，因"搜遗"中举。从道光十三年（1833 年）起，三次进京会试不中后放弃科举，转而潜心研究经世致用之学，决心凭借自己的真才实学入仕。

　　青年时期的左宗棠博览群书，钻研舆地、兵法，关注农事，拜访经世派官员贺长龄、陶澍等，还与著名政治家林则徐彻夜长谈，论及古今形势、人物品评、西北时政等，林则徐认为将来"西定新疆"，非左宗棠莫属。

　　咸丰二年（1852 年），太平军攻入湖南，左宗棠应邀出山，以幕僚身份先后辅佐湖南巡抚张亮基和骆秉章，为其筹划军政要务。咸丰十年（1860 年），左宗棠受命组建"楚军"。凭借卓越的军事才能，他屡立战功，逐步晋升为浙江巡抚、闽浙总督。

　　从鸦片战争开始，中国日益受到英、法等列强的侵略和欺侮。

左宗棠一方面痛心于国家主权和领土被践踏；一方面也深感中国想要自强，就必须学习西方先进的技术，强化自身的国防力量。为此，左宗棠创办了中国第一家近代造船厂——福州船政局，并大力培养海军人才。在征战陕甘[①]期间，左宗棠又创办了西安制造局、兰州机器织呢局等一批新式工厂。由于这些成就，左宗棠被视为晚清洋务派[②]的重要代表人物。

19世纪六七十年代，中亚浩罕政权将领阿古柏入侵新疆，建立伪政权，奴役天山南北各族百姓。沙俄趁机强占了新疆重镇伊犁地区，英国也时刻图谋把新疆从中国分裂出去。在东南沿海与西北边疆同时遭受威胁的情况下，清廷内部许多人主张放弃新疆，但左宗棠力排众议，提出"海塞并重"的国防方略，坚定地主张收复新疆。随后，他全身心地投入西征筹备工作中，制定了先北后南、缓进急战、剿抚兼施等重要的复疆策略。在他的指挥下，清军于光绪三年（1877年）彻底消灭阿古柏势力，收复了南疆和北疆。为收复被沙俄强占的伊犁地区，左宗棠虽已年近七旬，仍义无反顾地亲自率军出关，誓死捍卫国家的领土完整。最终，沙俄被迫归还伊犁地区，

---

① 陕西、甘肃的并称。

② 第二次鸦片战争以后，在清廷内部逐渐形成的一个政治派别，主张"师夷长技以制夷"，主要代表人物有恭亲王奕䜣、文祥、曾国藩、李鸿章、左宗棠、张之洞等。

新疆重回祖国怀抱。

中法战争爆发后，左宗棠坚决主张抗击侵略，主动请缨，督师抗法。但清廷下令停战撤军，并与法国议和。

光绪十一年（1885 年），左宗棠带着壮志未酬的悲愤与遗憾，病逝于福州。左宗棠一生始终怀有坚定的爱国主义信念，力图为多灾多难的国家找到一条出路，为维护祖国领土完整和尊严而毫无保留地奉献了自己的才智和力量，不愧是国家之光、民族之光。

尤学工

2022 年 12 月

# 目 录

# 第一章

孤寒发愤

一

清嘉庆十七年（1812 年）十月初七，在湖南长沙府湘阴县左家塅（今金龙镇新光村）的一户人家中，随着一声清脆的啼哭声，一个男婴呱（gū）呱坠地。当时，他的父母绝不会想到，这孩子后来竟能成为这个国家赫赫有名的民族英雄。他，就是左宗棠。

左宗棠家里有先祖传下的数十亩薄田，祖父左人锦曾经当过国子监生，父亲左观澜也曾考中秀才，所以左家称得上是"耕读世家"。只是，左观澜在考取举人身份的过程中屡屡失利，所以只得终年在外开馆授徒，靠教书来获取微薄的收入，以补贴家用。左宗棠有两个哥哥、三个姐姐，加上父母和祖父母，十口之家的日子过得紧巴巴的。平时还能维持温饱，遇到荒年，物价高涨，买不起粮食，家里就只能用糠（kāng）屑（xiè）做饼子充饥了。

在这样贫寒的境况中成长，左宗棠自小就颇为懂事。有一天，祖父带他到屋后的小山上游玩，看到那里有不少栗子树，祖孙俩就摘起栗子来。小宗棠摘了一大把，自己却先不吃，而是带回家后平均分给哥哥和姐姐们，一块儿享用。左人锦看到小孙子懂得礼让、分配公允，非常高兴，认为他将来必定会光大门楣。左宗棠稍年长一些，左人锦便开始在梧塘书塾教他读书识字。小宗棠聪敏过人，祖父教给他的诗句，往往很快就能背诵下来，祖父因此更加宠爱他。

左宗棠四岁时，父亲左观澜带着全家搬迁到省城长沙，在当地左氏祠（cí）堂中开馆授徒。左宗棠和两个哥哥左宗棫（yù）、左宗植一起，开始跟随父亲读书。最初，父亲只是让小宗棠在一边旁听，但两个哥哥及其他生徒诵读的书，小宗棠往往能默记于心。有一天，左观澜给学生讲授《井上有李》这篇文章，讲到"昔之勇士亡于二桃，今之廉士生于二李"一句，便提问："你们可知道'二桃'典故的出处吗？"

没想到他话音刚落，左宗棠就抢在两位哥哥之前，朗声答道："出于古诗《梁甫吟》。"左观澜很惊讶，问他："你是怎么知道的？"小宗棠得意地说："这是孩儿平日听两位兄长诵读时记住的。"左观澜心中暗喜：这个小儿子是个读书的好苗子，必须好好培养！于是开始正式教他读《论语》《孟子》。

　　小宗棠学得很快，不过出于孩童天性，每天诵读完父亲讲授的内容后，就忙不迭（dié）地嬉戏去了。左氏祠堂门前有一棵高大的树，树上有个巨大的空洞，小宗棠最喜欢在树洞旁跳跃玩耍，倦了便倚在树下打盹（dǔn）儿。在梦中，他爬进大洞里，发现洞中别有天地，山水清幽、林深树茂，循山而上，有一古寺，寺中有吕洞宾的炼丹炉……到了晚饭时间，母亲不见小儿子的身影，赶紧四处寻找，最后才发现他在树旁酣（hān）睡。母亲叫醒他，本想批评两句，但转念一想，孩子每天学习也挺辛苦的，心里又很是不忍。最终母亲只是温柔地帮儿子拍去身上的尘土，拉着他的手回家吃饭。而小宗棠一路上还给母亲讲自己在梦中的奇遇呢。

二

　　到了八岁，左宗棠在父亲的指导下，开始学习写作科举考试中要用到的八股文。凭借过人的领悟能力和勤奋练习，小宗棠进步很快。每次写成一篇自己满意的文章，他都会得意地展示给书塾中的同学，并毫不谦虚地自我夸赞一番。刚开始，同学们还不大服气，都想着挖苦他几句，不过一读他的文章，便不得不承认：确实写得好！挖苦嘲讽的话就说不出口了。久而久之，同学们都熟悉了左宗棠这种自负的派头儿，再遇到这样的情况，也就不以为意了，往往用微笑来回应。

　　除了经书以外，左宗棠也喜欢读史书。他非常仰慕历代史书中那些有大气节、成大事业的英雄人物，比如诸葛亮、岳飞等人，将他们视为自己学习的榜样。英雄们坚定不移的意志、光耀夺目的节操，不断激发着左宗棠的豪壮之气。他常常豪迈地向朋友们表示："纵使出身贫寒，我也要努力地磨砺（lì）自己的节操，锻炼自己的才能，像以前那些英雄人物一样，成就一番利国利民的伟业。"言语间，仿佛天下之事没有他做不成的。

春去秋来，年复一年，转眼间左宗棠已经十五岁了。前一年，他初次参加童子试，顺利通过，今年正是参加长沙府试的时间。在府试中，左宗棠发挥稳定，文章写得很出彩。主持考试的长沙知府张锡谦看过他的文章后啧（zé）啧称奇，大加赞赏，不仅将他列为第二名，还亲自召见了他，加以勉励。

府试通过后，左宗棠踌（chóu）躇（chú）满志地准备参加院试（指清代由各省学政主持的考试），好正式取得秀才的身份。不料，此时他的母亲余夫人突患重病，左宗棠必须回家照顾，只得放弃了这次考秀才的机会。尽管左宗棠在母亲病床前殷勤侍候，但十月十六日，母亲还是因病去世了。按照当时的礼仪，左宗棠需要为母亲守孝三年。更加不幸的是，母亲的守孝期还没结束，父亲左观澜的生命竟然也走到了尽头。临终之际，左观澜忍受着病痛的折磨，断断续续地叮嘱左宗棠说："儿啊，我快不行了，生死乃是天命，只是痛心又要耽误你的考试了。无论如何，你都要刻苦如常，考取功名，好来告慰我啊！"左宗棠抓着父亲的手，郑重地点头承诺，泪水簌（sù）簌流下。

双亲接连去世，加上此前长兄左宗栻英年早逝，情感上给左宗棠带来了很大的冲击，使他备感哀痛。守孝期间，他化悲痛为动力，读书更加勤勉。很快，家里的藏书都被左宗棠读遍了。精力正旺盛的他渴望获取更多的知识，便时常外出购书、借书来读。

道光九年（1829 年），左宗棠偶然从长沙的书铺中买到了顾祖禹所著的《读史方舆（yú）纪要》。这是一本专门记载山川险要、战守机宜的地理书，有很强的经世致用色彩，与左宗棠从前所读的那些义理经书迥（jiǒng）然不同。左宗棠如获至宝，爱不释手，反复研读，直至对书中内容了如指掌方才罢休。这本书仿佛为左宗棠打开了一扇崭新的窗户，使他眼界大开。很快，他又买来顾炎武撰著的《天下郡国利病书》和齐召南所著的《水道提纲》等同类型书籍，朝夕钻研，分类抄录，笔记写了厚厚的一大本。不久，二哥左宗植又给他带来一本刚出版不久的《皇朝经世文编》，这本书由当时的著名学者魏源、贺长龄等人编纂（zuǎn），内容都是关乎国计民生的奏疏、文章，正合左宗棠的心意。拿到书后，他立即如饥似渴地开始阅读，在书上勾画批点，很快书中每页都有他留下的细密笔记和圈点符号。

当时，天下承平日久，尽管社会中存在着尖锐的矛盾，国家潜藏着危机，但大部分读书人却视而不见，只关心科举功名。有些人见左宗棠热衷于读些"闲书""杂书"，非常不理解，嘲笑他尽做对科举无用的事情，完全是白费功夫。对于这些批评，左宗棠完全不以为意。一来通过阅读经世致用的书籍，他开阔了眼界，不再是狭隘（ài）的井底之蛙；二来他平素是何等自信和倔强（jiàng），只要他认准的事情，就不理会别人的闲言碎语。所以，这种批评反而促使他更加勤勉地研读经世书籍。

# 三

　　道光十年（1830 年）冬的一天，前江苏布政使、著名的经世派学者贺长龄正在长沙家中的书房里读书。不久前，因为母亲年老多病，他辞官归乡，以便能就近侍奉母亲。忽然，家中的仆人前来禀告，说有一位十七八岁的左姓青年前来求见。贺长龄感到有些意外——自己平素往来的亲友中并无此等人物，来者所为何事呢？他捋（lǚ）了下自己的胡须，略一沉吟，吩咐仆人把青年带进来。

　　不一会儿，一位穿着朴素但目光炯炯有神的年轻人出现在贺长龄的面前。只见他恭敬地深施一礼，朗声开口道："晚生左宗棠，素来仰慕贺大人您的学问与品德，听闻大人您正居家养亲，所以不揣（chuǎi）冒昧，特来登门拜谒（yè）。"贺长龄打量着眼前的这个年轻人，见他器宇不凡、不卑不亢，便微微点头，和蔼地说道："左君不必拘礼，老夫素来欢迎像你这样的年轻人来访。只是不知你家居何处？是否参加过科举呀？"左宗棠答道："晚生祖籍湘阴，现居长沙。自小受业于先父，童试与府试皆已考过，因居丧而未参加院试。"贺长龄心想：或许他是想用所写的文章来获取自己的赏识，便开口问道："既然左君已过了府试，想必八股文写作的功夫不错。可有文章让老夫一阅啊？"左宗棠回答："有制艺与策论各一篇，大人若不嫌弃，烦劳您看看。"说完，便从袖中取出准备好的文章，双手奉上。贺长龄吩咐仆人为左宗棠看坐、上茶，自己则翻阅起文章来。

第一篇制艺，形式工整，文气通畅。贺长龄心里暗暗感叹："看来这个年轻人家学严谨，基础颇为扎实啊。"第二篇策论，题目是《漕粮海运论》，贺长龄顿时就产生了兴趣——这正是他在江苏布政使任上重点推进的事业。细看内容：前半部分概略回顾历代海运的得失，驳斥了海运无用的观点，主张推动东南地区的漕粮海运；后半部分则提出了更为具体的措施——官督商办、改良船只、增拓港口。这篇文章，不仅与贺长龄以前的主张相当吻合，而且有些具体设想是他都不曾想到的。读罢全文，贺长龄不禁面露喜色，连称"好论！好论！"继而询问左宗棠："左君见识不凡，不知平日读何等书？"左宗棠在座上拱手道："回大人，晚生喜读顾炎武、顾祖禹诸先生的书。近来所读的，正是大人您与魏源先生所编纂的《皇朝经世文编》一书。"

贺长龄心里又是一惊，"年纪轻轻，便热衷于经世致用之学，真是个可造之才啊！"不禁夸赞道："左君你虽然年少，学识却十分渊博，既能留心经世实学，又有聪明洞见，超出俗流，贺某甚感欣慰啊！"略缓一缓，又说道，"左君来贺某处，恐怕不只是为拜访吧，有什么需要贺某帮忙做的事情，但讲无妨！"左宗棠倒也不客气，拱手道："蒙大人夸奖，实在荣幸。不瞒大人，晚生向来好读书，奈何家中贫寒，苦于无力购书，听闻大人府上藏书丰富，如果能一睹为快，那真是三生有幸啊！"贺长龄听了这番实诚的话语，不禁捻须而笑，朗声说道："这有何难？左君如此好学，贺某岂会吝（lìn）惜藏书？来来来，凡架上之书有你想读的，但讲无妨，都可以出借给你！"左宗棠闻言大喜，起身深施一礼，道："大人慷慨扶掖（yè），晚生没齿难忘，今后时时叨（tāo）扰，还望大人不弃！"贺长龄又朗声笑道："这是哪里的话？老夫只怕你不来！"

从此，贺府的仆人们便常能看见左宗棠登门借书的身影。贺长龄不仅将家中所藏的全部官私图书都开放给左宗棠，让他随意阅览，还每每亲自爬上梯架为左宗棠取书，丝毫没有厌倦的神色。而左宗棠每读完一本书，都会向贺长龄汇报心得，二人交流品鉴，互相探讨，常常从上午一直谈到秉烛时分。

冬去春来，在贺长龄的热情关怀下，左宗棠的学问见识大有长进。这天，趁左宗棠前来还书之机，贺长龄将他叫到案前，亲切地说："季高（左宗棠的字）啊，你已年届弱冠，且居丧期已满，尽管家学深厚，但'独学而无友，则孤陋而寡闻'，也是时候考虑下一步入学的事情了。不知你自己有何想法？"左宗棠如实答道："我听说，长沙城里的书院以岳麓（lù）书院为最佳。然而，学生家境困苦，恐怕无力负担该书院的学费呀。"贺长龄点头道："这一点我也考虑到了。其实岳麓书院之外，城南书院也不错，我弟弟光甫（指贺熙龄）在那里管事，那里每个月都有伙食补助，是个适合你的去处。若你有意，我便修书一封给他，推荐你去读。"左宗棠最初连连点头，表示愿意听从贺长龄安排，可转念一想：这也就意味着以后与贺长龄见面探讨的机会变少了，又表现出踌躇犹豫的神色。贺长龄看在眼里，宽慰道："季高不必多虑，我短期内不会离开长沙，你仍可放心来我处借书畅谈。"左宗棠见贺长龄考虑得如此周详体贴，不禁眼眶一热。

贺长龄写好书信，亲手递给左宗棠，语重心长地说："季高，我有一言你要谨记：当今天下正缺乏像你这样的国士之才。

你一定不要贪图一时小利，苟且屈就，从而埋没了自己的才华，限制了自己的成就啊！"左宗棠重重地点头道："学生谨记在心！"

道光十一年（1831年），左宗棠正式入读城南书院。主持书院的贺熙龄和其兄贺长龄一样，主张经世致用，引导学生们关注实用之学。对于兄长推荐来的左宗棠，贺熙龄发现他虽然出身贫寒，但生活上坚强自立，学问上聪颖勤奋，因此很是欣赏和器重。有一次，左宗棠把自己写的几篇文章一道呈给贺熙龄审阅，贺熙龄读罢连连称赞，高兴地说："季高，你能放弃辞章这类雕虫小技，专心致力于有用之学，谈论天下形势，且了如指掌，不简单啊，我非常欣慰！"说罢，他还专门提笔，写了一首诗夸奖爱徒：

六朝花月毫端扫，万里江山眼底横。

开口能谈天下事，读书深抱古人情。

左宗棠追随贺熙龄求学十年，不仅学术上深受其影响，生活中也与老师建立起了深厚的感情。

在城南书院，左宗棠还结识了一些真挚的朋友，与他们在学业和品行上砥（dǐ）砺互进。其中最要好的朋友胡林翼是湖南益阳人，他平素不喜欢章句之学，反而特别喜欢读史书和古今中外的地理书籍，醉心于研究地理和军事之道。共同的兴趣使得他与左宗棠在诸多问题上有着广泛的共识，很快就无话不谈，建立起深厚的友谊，终生不渝。

在这段求学时期，左宗棠的学问日益进步。当时湖南巡抚吴荣光在长沙为士人们开设湘水校经堂，定期进行考试和竞赛。左宗棠参加校经堂的考试，一年中七次获得了第一名，在长沙士人中的名声逐渐变得响亮起来。

读故事 学知识

# "二桃"

汉代《梁甫吟》："一朝被谗言，二桃杀三士。谁能为此谋，相国齐晏子。"

故事出自《晏子春秋·内篇谏下》，春秋时期，齐景公帐下有三位勇士：公孙接、田开疆、古冶子，他们战功卓著，难免居功自傲。齐景公担心长此以往会酿成祸乱。一日，齐景公宴请三位勇士，席上有两个名贵的"万寿金桃"，难以公平分配。上大夫晏子提议说，让他们自述其功，谁的功劳大，就将桃子赏赐给谁。公孙接、田开疆先讲述自己的战功，各得一个桃子。古冶子急了，拔出宝剑指着二人，气愤地说出自己的功劳。公孙接和田开疆听了，自叹不如，羞愧难当，随即拔剑自刎。古冶子一看，大为震惊，痛悔不已，于是也挥剑自刎了。就这样，用两个桃子除掉了三个人。后来常用这个成语比喻利用计谋杀人。

第二章

失意科场

一

　　道光十二年（1832 年）九月的一天，湖南乡试的主考官徐法绩面对眼前堆积如山的"遗卷"（指未被阅卷考官选中的遗留试卷），不禁皱起了眉头。本来，此次乡试的阅卷工作已经基本结束，但由于这次的乡试是为庆贺道光皇帝五十寿辰而开的"恩科"，道光帝为表恩泽，特地命各省主考官搜阅遗卷，择优推荐，以显示皇恩浩荡。恰巧此时徐法绩的助手、副考官胡鉴猝（cù）然病逝，于是徐法绩只能独自批阅这五千多份试卷了。经过几天的连续搜阅，徐法绩从遗卷中选出了六份值得推荐的试卷。其中有一份试卷，文章标题为《选士厉兵，简练桀（jié）俊，专任有功》，行文流畅，见识不凡。徐法绩很是欣赏，将其列为六卷之首。

　　等到最终公布中选名单时，考官们发现这篇文章的作者正是在长沙士子中很有名气的左宗棠，不禁异口同声地表示："原来是城南书院的那个左宗棠啊，怪不得能写出这样的文章，若不是徐大人慧眼识珠，差点儿就埋没人才了呢！"

不过，这一切发生的时候，左宗棠是全然不知情的。这年五月，左宗棠服丧期满，参加乡试后，不等放榜，就赶赴湘潭，与当地名门周家的千金周诒（yí）端成婚。原来，这门亲事是他的父亲左观澜在世时与周诒端的父亲周系舆商定的。可是，由于家境贫寒，左宗棠无钱操办婚事，只得入赘（zhuì）周家。入赘在当时并不是一件光彩的事，所以难免有人说三道四，甚至嘲讽左宗棠"吃软饭"。好在岳父母和妻子并没有因此而看轻他。周诒端不仅相貌姣好、文采出众，而且温柔体贴，对左宗棠的生活、学习关怀备至，倾囊相助，使他感受到了家庭的温暖。

婚后不到一个月，中举的消息自长沙传来，左宗棠心头的喜悦更添了几分。他摩拳擦掌，加紧读书，准备参加第二年春季在京师举行的会试。不过，新的问题也很快摆在他的面前：赴京赶考需要不菲（fěi）的费用，而左宗棠自己根本无力负担这笔费用。为难之际，妻子周诒端毫不犹豫地从嫁妆里拿出一百两白银，为他置办行装。可是就在左宗棠将要出发的时候，却偶然遇见了愁眉苦脸的大姐。经过交谈，左宗棠得知，大姐一家由于意外变故，此时的生活已经陷入了极端困顿的境地。左宗棠心中不忍，便将盘缠全部送给了姐姐一家，而他则不得不重新筹措路费。幸好，亲友们听说了左宗棠的义举，纷纷慷慨解囊，又凑了一笔盘缠给他。到了年底，左宗棠终于得以与二哥左宗植一道启行北上，赶赴京城参加会试。

次年三月，左宗棠到达京城，参加了人生中的第一次会试。不久，会试成绩公布，左宗棠和二哥左宗植在榜单前看了好半天，也没找到自己的名字，原来，他们都名落孙山了。兄弟二人略显落寞地收拾行装，踏上了返回湖南的旅途。

在路上，左宗植看到弟弟一直眉头紧锁，吃饭、赶路都心不在焉的，怕他因为落榜而思想包袱太重，便安慰他说："季高啊，科举会试本就难度较大，很少有人能一试即中。你我都还年轻，未来考中进士的机会还很多嘛，三年以后咱们再一块儿卷土重来就是了，不必太过挂怀！"

左宗棠听了二哥的劝慰，心里的疙（gē）瘩（da）消解了不少，也应和道："多谢兄长开导！我们在京城待的时间虽然不长，但见识了许多从未见过的事物，内心变得更加丰富，眼界更为宽广，想来收获也是很丰厚的！"

左宗植连连点头，"这么想就对了嘛！'纸上得来终觉浅，绝知此事要躬行'。读万卷书，行万里路，正是我辈士子应努力追求的境界啊！"

左宗棠接过话茬道："兄长说读万卷书，行万里路，我们这一路往返跋涉，行程也有千里之遥了呀！说起来，这一路上途经湖南、湖北、河南、直隶四省，所见百姓之生活，都是一样的艰辛啊！就拿天子脚下的直隶省来说吧，这里旱灾涝灾交替肆虐，有些地方沙尘蔽日，庄稼生长得很差，产量低下，百姓个个面有饥色，真是可怜可叹啊！"

左宗植打趣道："季高你既然心忧百姓，那么如果有朝一日你做了官，该怎么改善他们的生活呢？"

左宗棠听出了二哥的调侃（kǎn）之意，不过仍然一本正经地答道："愚弟以为，赈济灾荒、治理河务、整顿盐政，都是紧要的事务，直接关系到百姓的福祉（zhǐ）。若是做官的不懂这些道理，不懂得治理荒政之道，又如何能改善百姓的生活，为国家分忧呢？"

左宗植深以为然，勉励他说："季高见识高远，愚兄非常赞同你的想法！日后如果有机会主政一方，一定要注重治理荒政之道啊，就让我们兄弟俩共勉吧！"

回到湖南后，左宗棠加紧读书、思考，学问每天都有所长进。

# 二

　　一晃三年过去，道光十五年（1835 年）春，左宗棠再次和二哥一道启程北上，赶赴京城参加会试。这一次，左宗棠的文章受到了主考官温葆深的青睐（lài），被初步定为湖南省第十五名。尽管尚未放榜，但这件事的小道消息传来，多少令左宗棠放下心来。

　　孰料，就在榜单即将正式揭晓时，因为各省名额分配出现争议，湖南的录取名额超出一个，所以左宗棠的录取资格被取消，转让给了湖北的一名考生，左宗棠仅仅被取为"誊（téng）录"，也就是抄写员。尽管温葆深为左宗棠力争，但终究没能改变这一结果。

　　左宗棠听到这个消息，心中很不是滋味。左宗植劝慰他说："季高啊，誊录一职，尽管事务琐碎、地位不高，但运气好的话，若干年后，朝廷看在你辛劳的份儿上，可能会给个县令当当。如果你有就此步入仕途的打算，那么接受誊录职位不失为一种好的选择。"

见左宗棠仍然未能释怀，左宗植又补充道："进史馆当誊录也有其他好处嘛。毕竟这样就能留在京城，在史馆里还可以接触到更多博学多识的前辈与未来的栋梁之材，受到朝廷赏识的概率也是不小的嘛！"

左宗棠微微点头，承认二哥所说不无道理，可是他终究心高气傲，觉得当誊录实在是辱没了自己的才华。此时，左宗棠脑海中又猛然想起了贺长龄"幸勿苟且小就，自限其成"的叮嘱，于是握紧拳头，拍了下书案，开口道："兄长所言固然有理，然而愚弟我素来孤介憨直，恐怕未必能做好誊录这等小吏的工作。况且，愚弟宁可三年后再试，也不愿屈就于一时！"

左宗植听罢，拊（fǔ）掌笑道："哈哈，我就料到，以季高的秉性才不会苟且屈就于誊录之职呢！那就约好了，三年后我们兄弟俩再一道来挑战会试！"

左宗棠重重地点点头。兄弟二人于是又一次踏上了南归的路途。

途中，恰好遇到汉水暴涨，泛滥成灾。左宗棠亲眼看到沿岸三百余里堤坝溃决、百姓流离失所的惨状，心中百感交集，更加坚定了他经世致用、为民纾（shū）困的决心。回到家后，左宗棠挥笔写下一副对联，张挂在书房墙壁上，表达自己的志向：

　　　　身无半亩，心忧天下。
　　　　读破万卷，神交古人。

短短十六个字，忧国忧民、建功立业的豪情跃然纸上。他不仅是这样说的，也是这样做的。

在湘潭隐山之麓的周家西楼上，除了读书备考外，左宗棠将主要精力都放在了研究舆图地理之学上。他不仅勤奋地抄录所有能找到的地理书籍，还与夫人周诒端一起精心校勘全国和各省地图，指出其中的各种错误。闲暇的时候，左宗棠夫妇二人常常在书房中一边焚香煮茶，一边读历代的史书古籍。两人悠闲地谈论史事，遇到疑难之处，周夫人往往随手从书架上拿出相关的书籍，作为讨论的依据，十有八九都能说服左宗棠。左宗棠每每感叹：能遇到夫人这样贤惠又博学的心灵伴侣，真是自己一生的幸运啊！

# 三

道光十八年（1838 年），又到了会试的年份，二十六岁的左宗棠第三次走入京师会试的考场。然而，等待他的，依旧是落榜的苦涩结局。

左宗植同样落榜了。在两人下榻的客栈中，左宗棠对哥哥敞开心扉道："兄长，我近来常常觉得，人生有限，能做事的壮年时光尤其珍贵。每次科举间隔三年，时间和精力消耗甚多，如果将有限的壮年时光都投入科场，即便最终侥（jiǎo）幸能够获取功名，那么施展自身抱负，为民谋利、为国分忧的时间，不也所剩无几了吗？况且，我们家境贫寒，这几年来为了专心备考而不事生产，已经给家中造成很大的负担。长此以往，只怕也不是办法吧？"

左宗植点点头，"季高的担忧不无道理，可是若不走科举这条道路，便很难获取功名。没有功名和官职，又如何施展理想

抱负？如何保国安民？"

左宗棠一时不知如何回答。沉吟片刻，他开口道："愚弟虽然鲁钝，终究还是觉得，获取赏识、施展抱负的机会，在科举之外应该也是存在的。但更重要的事情，恐怕还是要充实、提高自己，尤其是掌握经世致用的知识和技艺，为将来施展抱负做好准备。不能再一味留恋科场，埋头于八股文章，从而浪费了大好时光！"

左宗植见弟弟已经下定了决心，便回答道："也罢！季高之才，恰如雄鹰一般，终究应当展翅翱（áo）翔于天际，而不该被困在这名为科场的区区牢笼里！你就尽管去做自己想做的事吧！"

第二天，兄弟二人再度踏上了返回湖南的旅程。在给妻子的信中，左宗棠写道："我骑着蹒（pán）跚（shān）的马缓缓离开京城，从此再也不会回到这繁华世俗之地，与众人去争抢道路两旁的苦李子了！"这是不再参加科举考试的宣言。

此前，在进京途中，左宗棠途经河北正定栾（luán）城时，听说此地知县桂超万施行善政，劝谕百姓广泛种植木棉、薯芋，积极备荒，心中很是钦佩，意识到要想研究荒政，就必须了解相应的农业知识。于是，在离开京城之前，他特地购买了许多农业书籍。回到家后，左宗棠开始勤奋攻读农业书籍。他还在柳庄的自家田地里专门开辟出一块区域，用自己改良的"区种法"种植和管理作物。待到作物成熟时，与没有使用"区种法"的其他地块相比较，发现"区种法"果然能有效地提升作物产量。通过这次实验，左宗棠有了底气，便把自己的"区种法"经验传授给左邻右舍，让他们也使用这种高效的方法耕作。邻居们起初将信将疑，但到了收获的季节，实打实的增收令他们喜笑颜开，纷纷夸赞左宗棠不仅学识渊博，种田也是一把好手。

有些朋友听说左宗棠落榜后转而钻研农学，颇为不解，替他感到惋惜，也有些人讥讽左宗棠"弃圣人之学，专鄙夫之业"，是自甘堕落的表现。面对这些流言蜚语，左宗棠也无意辩解，只是写信回复朋友道："我本就出生于耕读之家，如今屡试不第，断了入仕的念头，甘于农家生活，我的所求很容易满足，所以对于现状也很安心。"这当然不是他全部的心里话，因为在他的心中，忧国忧民、经世致用的滚烫火焰，从来没有真正熄灭过。

读故事 学知识

## 会 试

每三年举行一次，士子们会集京师参加考试，故称。又因在春季由礼部主持，又称"春闱""礼闱"。第一名称会元，榜上有名者称贡生。

## 名落孙山

指考试落榜，没有被录取。

出自宋代范公偁（chēng）的《过庭录》，一个名叫孙山的人，跟同乡的儿子一起参加科举考试，孙山考了榜上最后一名，而同乡的儿子未考中，榜上无名。回到家，同乡问孙山，自己的儿子考了第几名。孙山不好意思直说，便隐晦地念了一句诗："解名尽处是孙山，贤郎更在孙山外。"就是说名字排在榜末孙山的后面，没有考中。

**纸上得来终觉浅，**

**绝知此事要躬行。**

意思是从书本中学到的知识终究浅薄，要想深入理解其中的道理，必须亲自实践才行。

出自宋代陆游的《冬夜读书示子聿》："古人学问无遗力，少壮工夫老始成。纸上得来终觉浅，绝知此事要躬行。"子聿（yù），陆游的小儿子。

**幸勿苟且小就，自限其成。**

这里贺长龄是告诫左宗棠，不要轻易屈就于卑微的小官职，苟且偷安，从而限制了自己将来更大的成就或作为。这句话左宗棠时时谨记，才让他有勇气在科举考试过程中屡败屡试，在为官时无论遇到什么困难都不曾后退一步。

第三章

一诺千金

一

　　道光二十年（1840 年）春，左宗棠告别妻子和四个女儿，离开位于湘阴的家，登上了停在门口的马车，前往偏僻的湖南安化县小淹镇。这次旅程，是为了履行一个承诺。

　　原来，三年前，左宗棠为了贴补家用，曾前往湖南醴（lǐ）陵的渌（lù）江书院担任主讲。在此期间，著名的湖南籍经世派官员、时任两江总督的陶澍（shù），恰好告假回家乡扫墓，中途经过醴陵。

　　陶澍是当时的一朝重臣，在家乡湖南的声望尤其高。醴陵知县得知陶澍要来，非常欣喜，赶忙吩咐手下安排馆舍，准备各项接待事宜。馆舍收拾妥当以后，知县亲自前往视察，想看看还有哪里需要改进的。他左右上下打量一番，忽然觉得，馆舍中缺少了最重要的点睛之笔——一副用来欢迎陶澍的对联。可是，醴陵是个小地方，知县自己也没有写出好对联的文采，那么找谁来写这副对联呢？

一旁的师爷见知县犯了难，就开口建议道："大人，咱们醴陵不是有个渌江书院吗？如今在那里担任主讲的士人，就是在省城颇有名气的左宗棠啊。听说他文采出众、见识不凡，在书院很受欢迎，醴陵士子们都争相去书院听讲，想一睹他的风采。要是能请他来写楹（yíng）联，准能让您和陶总督满意！"知县听了这话，连连点头，"此言有理！左宗棠肯定能行！来人啊，带上我的名刺，快去渌江书院请左宗棠来馆舍一叙！"

不一会儿，左宗棠便在仆役的引导下，来到了馆舍。听知县讲完具体情况，他也不推辞，拱手说道："承蒙知县大人赏识，左某愿意一试！"

原来，左宗棠素来敬慕陶澍的卓著政绩和经世思想，想为迎接他出一分力。他接过师爷递来的笔墨纸砚，略加思索，便在心中打好了草稿，随即挥笔而就：

春殿语从容，廿载家山印心石在。

大江流日夜，八州子弟翘首公归。

知县和师爷读罢这副对联，纷纷拍手称赞："好联！好句！

左君真是好文采！"知县当即吩咐仆人，把这副对联张挂在馆舍正厅最显眼的位置。

第二天，陶澍应知县之邀来到馆舍，准备在这里休息一晚，再继续赶路。一进馆舍正厅，陶澍便看见了那副楹联，顿时眼前一亮，立刻询问知县："此对联简约工整、自然得体，不知出自何人的手笔啊？"知县如实以告："是在本县讲学的举人左宗棠所撰。"陶澍不禁赞叹道："一介举人有如此文采，非同小可啊！看来我得会会这位举人啊！"

陶澍于是请知县派人前往渌江书院邀左宗棠前来一谈。左宗棠欣然赴约。两人一见面，陶澍就夸起了左宗棠所写的对联："左君高才，所撰的对联含蓄典雅，又自然得体，真不简单啊！"左宗棠回应道："让大人您见笑了。当初您在安化所撰的'安邦定国，此所志也；化雨催春，愿普及之'一联，那才是文采与气质俱佳呀。相比之下，我这不过是东施效颦（pín）罢了！"

陶澍见左宗棠谈吐自然、不卑不亢，心中很是欣赏。于是吩咐仆役看茶设座，以便二人坐下畅谈。

尽管两人一个是封疆大吏，一个是落第举人，身份差异巨大，但陶澍爱才，完全没有架子，左宗棠也毫不怯场，充分发挥自己健谈的长处，跟陶澍讨论古今大事滔滔不绝。共同的经世志向，使得二人有说不完的话题，忘记了时间的流逝，彻夜长谈，直到天亮仍不觉得疲倦。经过这番深谈，陶澍将左宗棠视为"奇才"，大加赞赏和激励。临别前，两人已结为忘年之交，相约日后一定要找机会再尽情畅谈一番。

二

　　这次会面后的第二年，左宗棠到京城参加会试，不幸落第。返回湖南的途中，他按照一年前的约定，特地绕道金陵（今江苏南京）去拜访陶澍。陶澍留他住在总督官署内，以便两个人能尽情畅谈。左宗棠想到自己之前受到陶澍的赏识和盛赞，如今却落榜而回，心中不免充满失落和羞愧。陶澍看出了左宗棠的心事，开导他说："科场之事，成败往往要看时运，非人力所能强求。左君的才华，我早已领教；左君济世安民的志向，我早已知晓。俗话说得好，'酒香不怕巷子深'。左君你有如此的才华与志向，脱颖而出那是早晚的事，何必因为一两次挫折便失去了锐气与信心呢？"左宗棠听了这话，心里非常感动，对陶澍深施一礼，开口道："大人您的话，着实令晚生我深铭肺腑！经世致用之路，我必定要坚持走下去，方才不辜负您的厚爱与期许！"陶澍朗声笑道："这就对了嘛！左君在我这里，只需宽心畅谈，不必理会俗务，想住多久，便住多久！"

　　有一天，陶澍与左宗棠谈起湖南的士人，左宗棠热情地向陶澍介绍自己的好朋友胡林翼，夸赞他精通兵法、热心实学，是个不可多得的人才。陶澍捻须含笑道："左君的话非常正确！润芝（胡林翼的号）和左君一样，是湖南年轻士子中不可多得的奇才！不过，你可能还不知道吧？小女静娟已经和润芝订下婚约！换句话说，润芝马上就是我的乘龙快婿咯！"左宗棠恍然大悟，也笑道："原来如此！大人您选择女婿的眼光，实在是超群！恭贺您得此佳婿啊！"

　　陶澍接过话茬，诚挚地说道："季高啊，老夫不仅已得佳婿，还想给自己找一位好亲家呢！"说罢，他便从后堂叫出一位大约五六岁的少年。左宗棠稍微一打量，发现少年面貌清秀，眉眼与陶澍颇为相似。陶澍指着少年对左宗棠说道："这是老夫的独生子，名叫陶桄（guāng）。我老了，这个儿子却还在幼年，我恐怕看不到他长大自立了。左君未来的功业，必定在老夫之上。所以我想劳烦左君承担起教诲他的重任。我听说，左君的长女年纪与我这个儿子相当，聪明温婉，所以冒昧想替儿子向令女求婚，你我结为亲家，不知左君意下如何啊？"

　　面对陶澍真诚而恳切的提议，左宗棠却犹豫了。想到自己身为一介落第举人，与陶家身份差异巨大。出于自尊，他不愿意"攀高枝"，于是以"门第不合"为理由，委婉地拒绝了陶澍与自己结为亲家的好意。陶澍并没有因为左宗棠"不识抬举"而恼怒，反而更加欣赏左宗棠的人品，确信自己选对了人。

一年后，陶澍病逝于两江总督任上。临终前，他郑重地留下遗嘱，将年幼的独生子陶桄托付给左宗棠教育。左宗棠从恩师贺熙龄那里得知陶澍病逝的消息，也了解了他归葬故乡安化的具体情形，泪水顿时涌出，打湿了信笺。

左宗棠很想完成这位忘年交的遗愿，替他照顾、教育好陶桄。可是，家中困窘的情形又令他捉襟见肘：四个女儿年纪尚幼，嗷嗷待哺，家里的收入本就不高，如果失去了自己教书讲学的收入，只怕会雪上加霜；而且家里的土地也需要人经营打理，否则便有荒废的危险。种种顾虑令左宗棠感到万分为难。

周夫人看出了左宗棠心中的疑虑，宽慰他说："夫君，我虽是一介女流，但自小读书，也知道君子'一诺千金'的道理。陶大人以国士之礼待你，夫君自当以国士之行，来回报他的知遇之恩。这些道理，夫君必然晓得，之所以为难，怕是在顾虑家里吧？"左宗棠点点头，表示："确实如夫人所言。"周夫人慢慢走到左宗棠身边坐下，温和而坚定地说道："家中虽然确实困难，尤其四个女儿，都嗷嗷待哺，但承蒙兄长（左宗植）和我母家接济，也不至于无法维持。夫君你就尽管放心地去吧！"左宗棠深知这句话的分量，情不自禁地握住爱妻的手，动情地说道："以后只怕是要苦了夫人你啊！家中事务全仰赖你操持了！我左宗棠何其有幸，遇到夫人这样的知己佳人！"周夫人继续开解说："夫君这是哪里话？大丈夫自当志在四方，为国为民而效力，至于操持家中事务，原就是我的本分，夫君大可放心。只要夫君你能时常回来看看我和女儿们，我就心满意足了！"左宗棠听了这番情真意切的话，对妻子的敬重更添了几分，同时也坚定了履行承诺的决心。

次日，左宗棠在妻子的目送下，毅然踏上了旅程，赶赴安化陶家，成了陶桄的老师。从此，在这偏僻的山乡塾馆，左宗棠一待就是八年。尽管对陶桄的教育消耗了左宗棠大量的精力，但左宗棠也在学问上得到了补偿——陶澍遗留下大量的藏书和奏疏、信札，使一直苦于无书可读的左宗棠终于得以一解"书渴"。日常任教之余，左宗棠在陶家藏书楼中畅游书海，学问大有长进。

三

尽管身处穷乡僻壤，但左宗棠仍然心系天下，与住在京城和长沙的师友们保持着广泛的联系，密切关注着时局的变化。

就在左宗棠到陶家的那年，英国侵略者为报复林则徐"虎门销烟"的正义之举，以所谓"贸易自由"为借口，悍然发动了侵略中国的第一次鸦片战争。英国舰队封锁东南沿海、进攻广州的消息传来，左宗棠感到深深的忧虑和愤怒。他将自己视作抵抗外来侵略斗争的一分子，通过各种方式积极发表关于抵抗侵略的见解，希望能早日驱除侵略者。

可是腐朽昏庸的清朝统治者，不但不敢放手抵抗侵略，反而被侵略者的气焰吓破了胆。惊慌失措的道光皇帝，为了讨好侵略者、平息事态，竟然撤销了力主抗击英国侵略的林则徐等人的职务。而身为钦差大臣的琦善、奕山等人，也个个昏庸无能、畏敌如虎，导致广州、香港沦陷。1842 年 8 月，英国舰队侵入长江，攻击南京。清廷被迫同英国议和，签订了丧权辱国的《南京条约》。

左宗棠眼见朝廷一步步踏入丧权辱国的歧途，备感悲愤和惆怅。这种严酷的现实，使他心灰意冷，甚至一度萌生了入山隐居、从此不问世事的想法。

过了一段时间，好友胡林翼携夫人回湖南探亲，特意来看望左宗棠。二人像当年在城南书院读书时一样，促膝对坐，坦然相待，把酒畅谈。

胡林翼直言不讳，一开口就毫不客气地批评左宗棠道："我听闻季高你想要仿效古代的伯夷、叔齐，归隐山林，从此不问世事，心中颇感不安。愚兄认为此举大不妥呀！"左宗棠道："有何不妥？贶（kuàng）生（胡林翼的字）但讲无妨！"胡林翼道："朝廷此番与英夷作战失利，不得已而签订城下之盟，丧权辱国，神州士子无不羞愤难当！然而，羞愤之余，难道不更应力图振作，以帮助国家洗刷耻辱吗？若天下士人都像季高你一样，心灰意冷、隐居山林，则国家仰赖何人去匡救？国耻又要靠何人来洗刷呢？"

左宗棠沉默一阵，缓缓点头道："贶生所言，戳到了我的痛处！入山隐居，不过是一时丧气的逃避之举，我内心又何尝不想振作，何尝不想匡救国家？奈何先前未得救国之道，心中苦闷，所以才借隐居之语聊以自慰啊！"胡林翼听出了左宗棠的弦外之音，便试探道："那如今，对于如何救国，季高想必已经有头绪咯？"

左宗棠点点头道："这些天我痛定思痛，越发觉得，此番战争之失败，首先是因为军事上技不如人，若不能改良军事，则势必招致更多的失败。因此，非潜心钻研军事之学、探究克敌制胜之道不可！古人云：'不为良相，即为良医。'依我看，当今应该是'不为名儒，即为良将'。"

胡林翼一听，连连称是："哈哈，'不为名儒，即为良将'，说得好啊！看来咱们想到一块儿去了！振作国威、洗雪国耻，离了兵学是万万不行的，必须通晓军事，才能御敌、才能取胜！"两人于是立下约定：潜心钻研兵学，共同洗刷国耻！

自此以后，左宗棠在安化教书之余，不仅读遍了古代兵学典籍，以及史书中关于军事斗争的记载，还通过各种渠道密切关注西方列强侵略中国的形势，了解西方各国的历史、地理和军事状况，努力做到"知己知彼"。

经过几年的沉潜研究，他在军事方面的造诣日渐深厚。在写给二哥的信中，他表示自己近年来在军事上越来越有心得，

如果有一天遭遇战事，被授予兵权，自己"必能实实做到，绝非纸上之谈"。显然，经历科场失意、外敌猖獗（jué）的打击后，左宗棠已经逐渐摸索出适合自己的道路，开始朝着他远大的志向前进了。

读 故 事 学 知 识

## 东施效颦

出自《庄子·天运》，美人西施因病常以手捂胸、皱眉，邻家丑女见了，觉得姿态甚美，便也学起来，结果显得更丑了。后人常用这个成语比喻不顾实际生搬硬套，不但达不到效果，还会适得其反。

## 脱颖而出

原指锥子穿透袋子露出来，比喻有机会展示出全部才华。

出自《史记·平原君虞卿列传》："臣乃今日请处囊中耳。使遂蚤得处囊中，乃颖脱而出，非特其末见而已。"意思是，我只不过今天才请求进入口袋里。假如我早就在口袋里，连锥子上的环都会全部露出来，而不是只露出个锥子尖。蚤：古同"早"。颖：指某些物体的尖端。

## 乘龙快婿

"乘龙"，出自汉代刘向的《列仙传》，萧史善于吹箫，秦穆公将女儿弄玉嫁给了他，一日夜里，二人在箫声中乘着凤和凰，双双成仙而去。

"快婿"，出自《魏书·刘昞传》，刘昞年少时跟随博士郭瑀学习。郭瑀有个女儿正待寻觅佳偶。一日，众弟子聚会，郭瑀在旁边设一席，说："我有心为小女择一称意的女婿，坐在此席的，我当将小女嫁于他。"刘昞听了，立刻起身整衣就座，说道："先生欲求一称意的女婿，昞便是最佳人选。"

## 南京条约

《南京条约》是中国近代史上第一个不平等条约，标志着第一次鸦片战争的结束，中国开始沦为半殖民地半封建社会。该条约除了要求中国五口通商、赔款等，还将香港岛割让给英国。直到 1997 年，香港才回归祖国的怀抱。

第四章

湘舟夜话

一

道光二十九年十一月二十一日（1850 年 1 月 3 日），左宗棠的居所——湘阴东乡柳庄中，忽然来了一位使者，向左宗棠递上一份请帖。左宗棠读过请帖，露出又惊又喜的神色，赶忙吩咐家人为自己准备好出行用具，即刻启程，前往十里外的湘江之畔。时值寒冬，路上冷风萧萧，寒意袭人，但左宗棠的内心却十分火热，频繁催促车夫再快一些。车夫不禁纳闷：平时不大出门的举人老爷，这是要去见哪位贵客，竟然如此急切？其实，左宗棠要去见的人，不仅堪称"贵客"，而且还是一位他仰慕已久的前辈和英杰，那就是民族英雄林则徐。

在道光时代的封疆大吏中，林则徐是一颗闪耀的"政治明星"。他勤奋廉洁，一心为民谋利，致力于革除积弊（bì）。左宗棠对林则徐早已心生崇敬。鸦片战争前，林则徐主持虎门销烟。战争爆发后，他积极整顿沿海战备，坚决抗击英国侵略者。

左宗棠深深地被林则徐勇于担当的爱国心所感染，同时也对他"开眼看世界"的胸怀赞佩不已，常常对朋友们表示："林大人对沿海防务的分析透彻、见解深远，与我自己所拟的海防策议不谋而合。"后来林则徐先是含冤遭贬，被流放新疆，发配途中又奉调去治理黄河决口，到新疆数年后才得以复出任职。左宗棠听说这些消息，不自觉地便牵肠挂肚，自称："我的心仿佛每天都陪伴在林公左右，为他的遭遇忽而感到悲伤，忽而感到喜悦，自己也觉得不可思议，显得可笑。"

道光二十七年（1847 年），林则徐急需辅助人才，胡林翼便向林则徐大力推荐左宗棠。林则徐当即让胡林翼写信给左宗棠，请他到自己这里来见面。但事有不巧，左宗棠因为有紧急家事，实在无法脱身，只得写信婉拒，错过了这次与林则徐共事的机会。

不过，林则徐就此记住了左宗棠这个名字。道光二十九年（1849 年）冬天，六十五岁的林则徐因病请假回乡调养，途中在长沙岳麓山对岸的湘江边停泊。随即他便派人到十里外的湘阴柳庄，邀请左宗棠来舟中见面。

左宗棠一路上想到林则徐身为一代名臣，却记挂着自己这个落第的举人，特地停船相邀，怎能不感到温暖亲切？一想到马上就能见到这位神交已久的英杰，他又怎能不感到心潮澎湃？

二

　　终于，在夕阳西下之际，左宗棠赶到了湘江边。只见晚霞映红了湘江水面，一艘朴素的船只停泊在江边，上挂写有"林"字的旗帜，岸边则挤满了闻讯前来拜谒林则徐的文武官员和士绅。左宗棠向舟中的仆人递上了写着"湖南举人左宗棠"的名帖。不一会儿，林则徐便亲自走出船舱，一边邀请左宗棠上船，一边客气地请岸边的官员、士绅们回去。或许是因为心情过于激动，左宗棠在登船的时候，居然不小心一脚踏空，落入水中，旁边的人见状，赶忙将他扶起，请他到船上沐浴更衣。

　　这个小插曲显然没有影响宾主双方的兴致。林则徐很快备好筵席，命三个儿子作陪，与左宗棠尽情畅饮交谈。两人首先谈起了共同的故人——陶澍。对于自己这位昔日的上司，林则徐赞不绝口，尤其感念陶澍豁达大度、实心任事的风范。左宗棠深表赞同，心中暗想："其实林公的风范何尝不是与陶公一样呢？果然是英雄相惜啊！"林则徐曾听说过陶澍将独子陶桄托付给左宗棠教育的事情，便关心地询问起陶桄的近况。左宗棠将近年来指导陶桄读书的情形大略讲述一番，称赞陶桄进步速度很快。林则徐听了，欣慰地将须颔（hàn）首，心中暗暗佩服陶澍慧眼识人。

接下来，二人又感慨地谈到了贺长龄。他们都感叹，当时的大多数清朝官员，不但腐朽昏庸，而且极其贪婪，对百姓进行敲骨吸髓的压榨，导致社会矛盾越来越尖锐。与那些官员相比，贺长龄"学术之纯正，心地之光明"，实在是世所罕见，堪为士大夫的楷模。

谈话间，夜色渐深，星斗缀满了天幕，江上寒风料峭（qiào），船内宾主却是越谈越投机，品评人物、针砭时弊，无所不及。共同的经世抱负，填补了双方年龄和身份上的鸿沟，如同阔别多年的故人意外相逢，恨不得把胸中积愫（sù）尽数倾吐。

林则徐感佩于左宗棠身在乡野、心忧时局的情怀和见识，有意听听他对当前国防形势的看法，便开口问道："左君，你以为当今天下，对我国最大的威胁来自何方啊？"

左宗棠不假思索地答道："若以当下而论，自然是英吉利、法兰西等西洋诸国威胁最大。他们船坚炮利，有能力对我国沿海的任意要地进行袭扰、封锁，甚至可以直接登陆。朝廷的水师根本无力对抗他们，只能妥协求全，不断地割地、赔款。殊不知，这样只会更加刺激他们的野心，促使他们变本加厉地欺辱和掠夺我们。"

林则徐点头表示赞同，又追问道："那依你所见，我们应该如何补救呢？"

左宗棠向林则徐拱一拱手，答道："林大人您昔日在广州，曾委托魏源先生编纂《海国图志》一书，这本书里其实已经有答案了，那就是——'以夷攻夷，以夷款夷，师夷长技以制夷'。要对抗英法诸国，必须学习其优长，尤其是先进的军事技术，用他们的坚船利炮来武装我们自己，改良军事训练，强化海防，防范侵略者深入我国内地。"

林则徐拊掌而笑，表示赞许，继而话锋一转："左君刚才说，以现下论，自然英法威胁为大，那么在你看来，若以长远论，我国尚有何种威胁最为紧迫呢？"

左宗棠略一思索，开口答道："晚生以为，若以长远论，则来自西北边陲的威胁，恐怕比沿海的威胁更为严重啊。自我朝建立以来，在西北屡屡用兵，但西北当地势力错综复杂，尤其是在西域，反动分子频繁掀起叛乱，荼（tú）毒百姓，朝廷为了镇压他们，费尽九牛二虎之力，效果却不如人意。而俄罗斯、英吉利又伺机而动，妄图将势力深入西域。尤其是俄罗斯，对他国领土贪婪成性，时刻磨刀霍霍，想要鲸吞西域疆土。他们一旦得逞（chěng），则不但西北永无宁日，蒙古也很有可能不保。到那时，京城便会直接暴露在俄国军队的铁蹄之下了。"

林则徐没想到左宗棠对西北局势竟如此洞若观火，连连颔首，口称："左君高见！你所说的，与老夫心中所担忧的事情完全一致！俄罗斯与我国陆路相通，包我边疆，其势力强大，野心不小。老夫在西域时，曾亲眼见到俄罗斯人在边境集结军队，挑衅生事，一点点蚕食我国的疆土，又收买、容纳西域的叛乱分子，作为他们侵略我国西域的爪牙和先驱。由此可知，俄罗斯他日必将成为我朝的大患，对他们应当及早加以防备啊！"

说到这里，林则徐意识到自己有些激动，便捋着胡须稍稍冷静下来，然后又从容开口问道："左君刚才提到英吉利亦暗图西域，你是从何得知的呢？"

左宗棠如实答道："回林大人的话，晚生此前整理陶澍大人的遗稿时，曾见过一道奏折，谈到英吉利商人在西域北路的活动，当时世人多不知这些英人从哪里来，陶大人派人探听调查，方才知道他们是经浩罕国而来，由此可知，英吉利暗通浩罕国已有多时了。晚生自此留意搜集相关消息，不难推知，英吉利亦图谋西域久矣！"林则徐见左宗棠平时如此留心边疆事务，见解又如此深刻缜（zhěn）密，心中对左宗棠的欣赏更添一分。

# 三

两人越谈越投机，面前的酒很快就喝光了。林则徐的三个儿子见状，便依次上前，向两人敬酒。一轮酒过，林则徐不禁想到了自己过去几年在西域的所见所闻。同时，他也越发好奇：左宗棠对西域之了解，究竟详细到何等程度？于是，他**呷**（xiā）一口茶，缓缓地开口问道："左君既然如此看重西域的地位，想必也一定认真考虑过巩固西域之良策。想要巩固西域，则首先必定要了解西域。那么西域的山川形势、兵要地理，左君能否为老夫分析一二啊？"

此问一出，在一旁陪侍的林汝舟兄弟三人，都面露难色。他们虽然已经见识了左宗棠广博的知识和非凡的见解，但是他毕竟久居湖南，与西域数千里之遥，仅靠传闻与消息，认识终究有限。父亲如今问他西域的山川形势，是否有点儿强人所难了？

　　然而，当他们看向左宗棠时，却发现他完全是一副胸有成竹的样子，并未有任何惊惶窘迫的神态。原来，左宗棠向来醉心于探究天下的地理格局、山川形势，不仅专门读过傅恒等人编撰的《钦定皇舆西域图志》和徐松写的《西域水道记》，并加以分门别类地抄录，甚至还曾经和夫人一道摹画、订正过书中的舆图。有这样丰厚的知识积累，林则徐的"考试"，对他来说完全不算"超纲"。

　　只见左宗棠也呷一口茶，清清嗓子，随即便开始从容不迫地"答题"。从山川到河流，从堡垒、烽燧（suì）到聚落、牧场，他都娓娓道来，尤其强调了迪化（乌鲁木齐）、哈密、伊犁等地在战略上的重要性。林则徐一边认真倾听，一边在心中感叹："左宗棠不愧是'楚才第一'！"等到左宗棠回答完毕，林则徐情不自禁地拍手称赞，笑道："左君真乃旷世奇才！"左宗棠备感荣幸，回应道："承蒙林大人夸奖，着实荣幸！晚生的这些见解，不过是纸上得来，终觉其浅。林大人您前几年在西域，却是实实在在地为巩固西域而筹谋，为造福当地百姓而奔忙，您在西域主持清丈田亩、鼓励屯（tún）田、兴修水利，哪一件不是彪炳（bǐng）史册的壮举？晚生虽然身在穷乡僻壤，也恨不得受您驱使，参与到这些壮举中去啊！"

　　林则徐听了左宗棠情真意切的话语，一股激动之情油然而生：国家今后所需要的经世之才，正是像眼前这位左宗棠一般的人物啊！巩固边疆、建设边疆的重任，非此等人物莫属！于是，他决定将自己对于西域的真切体会与建设心得，向左宗棠和盘托出。他用略显缓慢但清晰的语调说道："巩固西域，不仅仅是强化军备而已。我朝建立以来，花费了无数的军饷（xiǎng），西域还是难以得到真正的安宁。究其根源，是西域不够富强、百姓困苦无依啊。我曾经亲眼看见，当地的百姓生计十分艰难，沿途几十里都不见炊烟，百姓大多数都穿着褴（lán）缕破旧的衣服，无论严寒还是酷暑都光着脚奔走，仅靠冷饼两三枚便度过一日，遇到有桑葚（shèn）之类的瓜果成熟，就赶紧取来充饥。"略顿一顿，他继续说道，"西域不能富强的症结，在于屯政不修、地利未尽，以至于肥沃丰饶之区也不能富强。比如，南八城虽然气候干燥，但也不乏绿洲，若能一律仿照苏州、松江地区的经验，兴修水利，广种稻田，则其得利并不少于东南地区。老夫在新疆时，曾在伊拉里克及附近各城办理屯务，大兴水利，初有成效。但不久老夫就接到朝廷的赦免诏书，重回关内，没能完成这件大事，这实在是很大的遗憾啊！"

左宗棠劝慰道："林大人您已经尽力了呀。必当有后来者，继承您的事业，继续经营西域！"

左宗棠又开口问道："晚生听闻林大人在新疆改进河渠，当地人呼为'林公井'，造福不小，不知其具体是什么样子的呢？"林则徐摆摆手，道："'林公井'的称呼实在是谬（miù）赞。老夫不过是将当地百姓所发明的'卡井'（即坎儿井）稍微加以改进，进行推广罢了，哪里敢贪人之功为己有呢？'卡井'实为引地下水灌溉的设施，由立井、暗渠、明渠三部分组成，能减少水的下渗和蒸发，极有利于灌溉，所以老夫在新疆大力推广这项技术。"说话间，林则徐还让人取来纸笔，画作示意图。左宗棠平日里也喜欢钻研农业科技，所以对此颇有兴致。二人围着示意图圈圈画画，指点问答，颇为投入。

此时，船外江风吹打着浪花，拍打在柁（tuó）楼上，发出沉重的声音，与船内人语相互响应。渐渐地，启明星开始升起，东方天幕露出鱼肚白，而船舱内的畅谈也临近尾声。

临别之际，林则徐让长子林汝舟将自己在新疆考察时所整理的资料，包括新疆的地理形势、沙俄在边疆的布置与活动等，悉数取来，郑重地交给左宗棠，握着他的手说："我老了！空有抵御外侮、富边强边之心，终无成就之日。数年来我不断留心

人才，今日有幸得见左君这般旷世之才，大概是天意吧！这些资料，统统赠予左君，供你参考，他日或许用得上。"期望之情溢于言表。左宗棠恭敬地收下资料，动情地说："晚生不过是一介落第举子，有幸承蒙林大人您这样的'天人'挂念、赏识，何其幸运！我定当不负大人所托，为国效力、为民造福！"

左宗棠和林则徐的这次湘舟夜谈，是两人一生中唯一一次会面。仅仅不到一年，道光三十年（1850年）秋，林则徐就在广东与世长辞。左宗棠在长沙一位朋友的寓所中惊闻林则徐逝世的噩耗，不由得痛哭失声。

湘舟夜话，给左宗棠留下了难以磨灭的印象，林则徐的激励和鞭策，促使他坚定了抵御外侮、富国强兵的志向。二十多年后，左宗棠亲自率军出关，收复了新疆。在这片林则徐倾力建设过的土地上，他的耳畔仿佛仍回响着那天晚上林则徐的谆（zhūn）谆话语。为此他奏请在新疆建省，强化边疆防务，带领当地百姓屯田垦荒，兴修水利，努力将林则徐生前的心愿一一付诸实行。当然，这是后话了。

读故事·学知识

## 虎门销烟

1839年6月3日，钦差大臣林则徐在虎门海滩集中销毁收缴来的鸦片，至6月25日结束，历时23天。这次事件在全国引起巨大反响，人们认识到鸦片的危害，以及英国向中国贩卖鸦片的真相。而林则徐因禁烟、销烟被尊为民族英雄。"虎门销烟"成为第一次鸦片战争的导火线，而前文说到的《南京条约》签订，标志着第一次鸦片战争的结束。

## 不可思议

佛教语，指语言和思想无法达到的深奥境界。现多指无法理解或无法想象。

出自《维摩诘经·不思议品》："诸佛菩萨有解脱名不可思议。"

## 《海国图志》

《海国图志》是清代魏源编撰的一部著作，书中详细地介绍了西方各国的历史、地理、政治、经济、物产、贸易等情况，还介绍了很多当时十分先进的科学技术。魏源在书中提出"师夷长技以制夷"的主张，开启了了解世界、学习西方的新潮流。

## 胸有成竹

原指画竹之前心里就已有其全貌。形容做事前已有定见和详细的计划。

出自宋代苏轼的《文与可画筼（yún）筜（dāng）谷偃竹记》："故画竹必先得成竹于胸中。"

第五章

初入戎幕

一

　　咸丰二年（1852年）的一天傍晚，新任湖南巡抚张亮基正在长沙官署内焦急地来回踱步。街上报时的钟鼓声传来，张亮基知道，此时已到了酉（yǒu）正。他走到窗前，抬头看见明亮的星辰，脑海里不断浮现的，却是充斥着模糊血肉与断壁残垣（yuán）的战场景象，喊杀声与哀号声不绝于耳。他不禁喃喃自语："长沙能渡过这一劫吗？左宗棠会来吗？"

　　原来，长沙城此时已被太平天国首领洪秀全亲率的太平军主力大举围困。太平军昼夜攻城，枪炮火箭如雨点般密集，震动声响彻如雷，数十里外都能听得到。清军无计可施，绝望之中，竟然从城隍庙中请出所谓的"定湘王"神像，抬到南城楼上，由将领们轮流守护，以求神灵庇佑。张亮基心里当然清楚，这种装神弄鬼的做法，显然不是长久之计，可究竟如何才能守住长沙呢？张亮基非常渴望有一位擅长军事的幕僚帮他运筹帷幄（wò）。

实际上，早在张亮基接到由云南巡抚改任湖南巡抚的诏书后，他就开始物色军事幕僚的人选。当时担任贵州安顺知府的胡林翼得知情况后，立即向他推荐了左宗棠，胡林翼热情称赞左宗棠胸中包罗"古今地图兵法"，"精通时务"。张亮基听后很是动心，于是在赶赴长沙的途中，就两度派人携带礼品前去邀请左宗棠，可等来的却是左宗棠的婉言辞谢。张亮基心知左宗棠有所顾虑，又赶忙写信给胡林翼，请他敦劝左宗棠出山，并令部下将领江忠源以朋友的身份，亲自去请左宗棠。

此时的左宗棠，面对张亮基的入幕邀请，他并非毫不动心，毕竟钻研兵学多年，如今正是一展长才的机会，他岂会轻易放过？只是，他必须确定，张亮基是否对自己有足够的尊重和信任。如果没有，以他刚烈倔强的性格，恐怕很难在幕府中立足。周夫人看出了左宗棠的顾虑和心思，于是委婉地劝说他："眼下兵荒马乱的，家里老小都需要你照应，要依我的本心，真不愿夫君此时去长沙给别人当幕僚。可是，想想人家张大人，他作为江苏人，如今为保卫湖南尽心尽力，咱们湖南本地的士子，要是在保家卫国方面还不如人家，那不是让人耻笑吗？说到诚意，张大人在赴任的路上就给夫君你写信，不断延请夫君帮他守卫长沙，被你拒绝了也不放弃，现在又派手下的大将亲自登门聘请你，礼数十分周到，可见他是个实心实意的人啊。夫君是胸怀大志之人，就这么放过一展才华的机会，拒人于千里之外，岂不是不近人情吗？我知道，夫君担心自己的脾气与张大人合不来，不过合不合得来，总要见了再说嘛，夫君你说是不是？"

听了周夫人这番入情入理的劝解，左宗棠的脸上忍不住露出了笑容，打趣道："知我者，夫人也！我的心思啊，全都让夫人你猜透了！你说得对，我这就去长沙会会张大人，合得来，我就留下帮他出谋划策；合不来嘛，我就赶紧回家，照应你和孩子们！"

就这样，左宗棠收拾好行装，向周夫人简要交代了家事后，就随江忠源赶赴长沙。他们小心地穿越围城阵地，然后通过绳索攀上城墙，艰难地进入了城中。

终于，在戌（xū）初（19点）的钟声敲响之际，张亮基听到了仆人的禀告："举人左宗棠求见巡抚大人。"张亮基心头一喜，立刻停下脚步，吩咐道："快请他进来！"不多时，左宗棠便出现在张亮基面前。左宗棠正要行跪拜礼，张亮基就急趋上前，将他扶起，口中道："戎（róng）务紧急，左先生不必拘礼。我等候先生多时，可把你盼来了呀！"左宗棠闻言道："草民来迟，烦劳中丞大人等候，惭愧惭愧！"张亮基摆摆手，表示无须介意。他一面命人为左宗棠设座上茶，一面直奔主题："如今匪首亲率大军围攻长沙，存亡只在旦夕间，先生有何退兵良策啊？"

左宗棠早有准备，不慌不忙地答道："回中丞大人，在下以为，当下有三件事最为紧急：其一，请您速速调集城中现存的火炮，安置在城南。敌军主力就在城南，不久前，匪首之一的西王萧朝贵，正是被我军火炮击中而殒（yǔn）命，所以火炮不但能杀伤攻城敌军，摧毁其掩护设施，也能震慑敌胆，消减其士气；其二，派城内精锐部队与城外已赶到的援军里应外合，夜袭敌军营寨，扰乱其军心，破坏其补给；其三，强化城外东南的布防，自天心阁至新开铺一带，依次扎营结寨，从侧翼威胁敌军，以分散其攻城力量。"张亮基见左宗棠成竹在胸，其建议又合情合理，不禁连连点头，吩咐部下立刻遵照办理，不得有误。

经过这番调整，太平军的攻势果然受阻，张亮基悬着的心得以暂时落地，越发信任左宗棠，索性将一应军务全部交给他指挥处理。左宗棠见张亮基如此信任自己，心中的顾虑也完全消除了，一门心思为守卫长沙出谋划策。他日夜筹划，调配武器和兵力，强化城防，并密切关注着城外太平军的动向。

过了一段时间，太平军由于攻城日久，逐渐变得疲惫，而朝廷的援军则逐渐从四面八方汇集到长沙附近。太平军的多数将领开始倾向于撤除长沙之围，绕道北上。左宗棠敏锐地捕捉到了这一战场态势的变化。他对张亮基分析说："匪军背水面城，而我军援兵已到，扼断了其东北方的退路，他们已经自趋绝地。但是，西路的要隘在土墙头和龙回潭，匪军如今经常会过江掠夺粮食。如果我们先派一支部队渡到河西，阻断匪军的逃路，就可以将其一举聚歼（jiān）！"张亮基觉得言之有理，于是着手调派部队前往河西。然而，由于前线的清军将领腐朽畏战，贻（yí）误了战机，没能按时赶到龙回潭防守，只能坐视太平军从容离去。左宗棠精心布置的聚歼战略就这样落空了。

尽管如此，张亮基对左宗棠精准的军事判断印象深刻，愈发信赖和倚重他。不久，张亮基把左宗棠在长沙一战中的军功上报清廷，清廷授予左宗棠七品知县的官衔，仍令其在张亮基幕府中协助办事。

# 二

太平军进入湖南后，各地会党借助其威势，纷纷起事。当太平军北上后，左宗棠开始协助张亮基专心整顿本省治安，其中最重要的举措就是镇压征义堂起义。

征义堂是由浏阳乡民周国虞（yú）创办的一个民间会党。周国虞在浏阳地区布仁施义，发展会众，鼓吹"反清复明"。贫苦百姓们纷纷参加，会众很快发展到数千人。咸丰二年，当太平军向湖南进军时，清朝政府明令各地加紧办团练。周国虞抓住这个机会，将成员迅速发展到万余人。浏阳的官府虽然担心征义堂会起义，但又忌惮（dàn）征义堂人多势众，不敢贸然兵戈相向，只得赶紧把情况报告给巡抚张亮基。

张亮基得到报告后，对于要不要派兵镇压，感到非常犹豫。他对左宗棠说："征义堂势力强大，又在浏阳经营多年，一旦用兵失利，恐怕局面更难以收拾啊！我看还是先安抚为好。"左宗棠摇摇头，指着地图说道："中丞大人，这件事可拖不得啊！您看，征义堂所在的浏阳，与长沙近在咫（zhǐ）尺，如果放任征义堂的势力继续膨胀，则长沙必将陷入危险！这么重大的隐患，必须尽快予以消除！"张亮基思忖（cǔn）片刻，也下定了武力镇压征义堂的决心。他问左宗棠："若要出兵，左先生以为谁能担任主帅啊？"左宗棠笃定地表示："非江忠源不可。"张亮基又接着问道："那此次进兵，先生有何良策？"左宗棠胸有成竹地答道："其一，《孙子兵法》中说：'兵之情主速，乘人之不及。由不虞之道，攻其所不戒也。'就是说，进兵要迅速，使敌人始料未及，难以预测。大人可派江忠源以开赴江西为名，率军从驻地经平江直扑浏阳。其二，攻心为上。征义堂之中，三分之二的成员都是有身家且安于本分的普通百姓，他们参加征义堂，多是为了维护自己的利益，保卫家乡，未必愿意与匪首同生共死。所以大人应该命令部队一到浏阳就四处张贴告示，声称只捕杀造反首领，不问胁从，从而分化瓦解对手。其三，到浏阳后，要大张声势，联络当地团练，并力齐进，使敌人胆寒。"张亮基听完后，忍不住拍手称赞，"左先生这三条计策，足以荡平征义堂！"

果然，江忠源依计行事，只用了十二天，就将征义堂起义镇压了下去。左宗棠也因首先决策镇压征义堂有功，被朝廷授予直隶州同知的头衔。

<h1 style="text-align:center">三</h1>

咸丰三年（1853 年）二月，张亮基调任湖广总督，左宗棠也随他到了省城武昌。在湖广总督幕府中，左宗棠仍旧被张亮基委以军事指挥的全权，甚至批答公文和草拟奏折，都由他一人主持。

当时，太平天国数十万大军，刚刚放弃武昌，沿江东下，准备直捣南京。武昌城内的官署、民房都在战火中被焚烧殆（dài）尽，数十万难民流离失所，商贾（gǔ）难觅踪影。左宗棠此时的首要任务，就是协助张亮基重建省城。为此，他调集城内的工匠，并雇佣部分身体强壮或者有一定技术的难民，一同修复城墙，添设防御设施；同时大力抚恤（xù）和赈济灾民，以优厚的条件招揽商贾，以保障武昌城内的物资供应。经过几个月的努力，武昌城终于恢复了正常的秩序，百姓逐渐安定下来。

　　然而，就在左宗棠和张亮基为恢复湖北秩序而奔忙的时候，一场阴谋也在紧锣密鼓地酝酿着。

　　原来，在张亮基由湖南巡抚调任湖广总督之前，主持湖北事务的官员是湖北巡抚崇纶。崇纶是满洲正黄旗人，咸丰二年升任湖北巡抚，当时太平军正占领武昌。崇纶根本没有与太平军作战的勇气，所以直到太平军放弃武昌东下，崇纶才敢入城就任。尽管才能平平，但他对湖广总督之位却觊（jì）觎（yú）已久。所以，当朝廷任命张亮基为湖广总督时，崇纶感到愤愤不平，暗中唆（suō）使门生故吏百般阻挠张亮基施政。不久，崇纶的一些亲信由于作战不力、贪赃枉法，被张亮基和左宗棠严厉处置。这下子，崇纶对张亮基的不满就更压抑不住了，竭尽全力要将张亮基排挤出湖广。恰好此时太平军北伐部队逼近山东，咸丰皇帝大为恐惧，想要调得力将领来防守山东。崇纶在朝中的同党趁机进言，朝廷将张亮基调任为山东巡抚。

　　张亮基接到朝廷的调令后，立即就把情况告诉了左宗棠，并且诚恳地表示："我张亮基不可一日无先生啊！希望先生能够与我一同前往山东赴任。"左宗棠的内心感到十分矛盾，考虑再三，他坦诚地对张亮基道："大人的赏识和抬爱，令我感到无比荣幸和感激！若是没有大人您对我这个落第举人的信任与提拔，若不是您给了我这样一个发挥才干的平台，哪里会有我建功立业、功名加身的今天呢！所以于情于理，我都非常想继续鞍前马后地追随您，以便回报您的知遇之恩！可我是湖南人，对故乡实在难以割舍，对家里的妻儿老小也放心不下。何况，我对山东的政局、地理、民情都不熟悉，到时候开展工作的难度必然相当大。所以我思来想去，还是下不了去山东的决心，万望大人能体谅我的苦衷！"张亮基虽然舍不得左宗棠这个大才，但也充分理解他的顾虑和难处，表示尊重左宗棠的选择。两人郑重地把酒话别。左宗棠的第一段幕僚生活，就这样结束了。

不久，左宗棠回到湘阴，带上家眷，过起了躲避战火、隐居读书的生活。

读故事 学知识

## 酉正

古代一昼夜分为十二个时辰，用十二地支计时，子时、丑时、寅时、卯时、辰时、巳时、午时、未时、申时、酉时、戌时、亥时。每个时辰相当于今天的两小时。子时，指23点至1点；丑时，指1点至3点；寅时，指3点至5点……以此类推，酉正指下午6点（24小时制为18点）。

## 运筹帷幄

意思是在帷幕之中谋划策略，指挥作战。

出自西汉司马迁的《史记·高祖本纪》："夫运筹策帷帐之中，决胜于千里之外，吾不如子房。"意思是，张良坐在军帐之中运用谋略，就能取得千里之外战争的胜利，这一点上，我不如张良。子房：张良，字子房。

第六章

再度出山

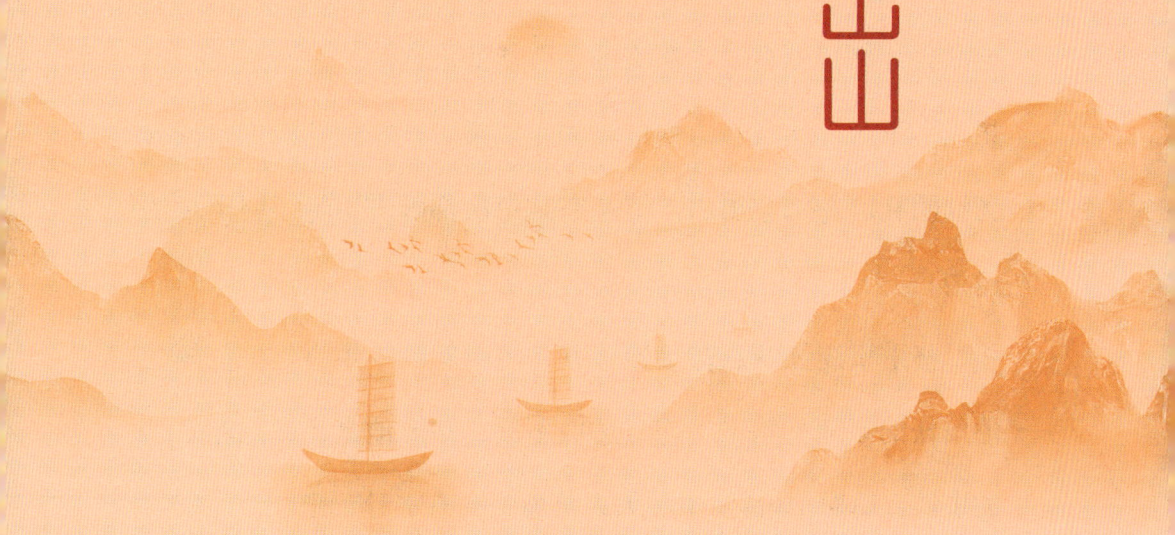

一

咸丰四年（1854 年）正月，太平军再度攻入湖南，一路直逼长沙。时任湖南巡抚的骆秉章眼见局势再度恶化，不禁感到忧心忡（chōng）忡。像张亮基一样，他也希望能够找到精通军事的人才来帮助自己。那么谁是合适的人选呢？思来想去，他想到了不久前在长沙力挽危局的左宗棠。于是他几次三番派人到湘阴礼聘左宗棠出山。但左宗棠每次都婉言谢绝了骆秉章的邀请。

骆秉章满怀诚意却接连碰壁，一时间没了主意。一位颇受他信任的亲随见骆秉章连日愁眉不展，知道他是在发愁左宗棠的事情，就对他说："中丞大人莫急，我有一计，定能让左宗棠不请自来。"骆秉章眼前一亮，急切地说："有何妙计？快快讲来！"亲随如此这般地陈述了计策，骆秉章大喜，连称："好主意！好主意！就这么办！"于是吩咐手下依计行事。

　　不久，左宗棠忽然收到一封急信。信是陶家人送来的，信中说：前日左宗棠的学生兼女婿陶桄被巡抚大人请进了巡抚衙门，从此就再没回家。第二天长沙街市上竟然传出流言，说是巡抚准备以陶桄为人质，向陶家索要"助军饷银"一万两。陶家人惊惶失措，只得来左宗棠这里商量营救陶桄的办法。左宗棠看完书信后大吃一惊。他心里清楚：陶澍生前为官清廉，遗产不多，陶家怎么可能拿得出一万两白银？而一旦陶桄有什么闪失，自己岂不愧对陶澍？为了救回陶桄，他立即决定亲赴湖南巡抚衙门。

　　这天上午，骆秉章在官署内接到了左宗棠送来的名刺，不禁心中欢喜，笑着对亲随说："你的计策果然有效，左宗棠上钩了！"不过他并不着急接见左宗棠，而是命仆人将左宗棠引入后花园。左宗棠步入后花园，无心欣赏风景，稍一打量，便看见陶桄在园中凉亭内读书，身前桌子上笔墨纸砚、果盘、点心一应俱全。他急切地走近陶桄，问道："绍云（陶桄的字），你没受什么委屈吧？"陶桄见是岳父，急忙行礼，诧异地说："小婿这几日蒙巡抚大人厚待，安置在院内静心读书，饮食用度供应充足，并未受半分委屈。岳父大人您何故到此？"左宗棠听了这话，先是一惊，随即恍然大悟，苦笑道："看来我这是自投巡抚大人设下的'罗网'咯。"骆秉章这时也从假山背后现身，笑道："左先生身负大才，本官急欲问计于你，奈何先生不肯出山，不得已出此下策，希望季高不要怪罪啊！"说罢赶紧为左宗棠设座上茶，一五一十地把事情的原委讲给左宗棠听，并反复强调他是如何期盼左宗棠能出山帮助自己保卫湖南。

左宗棠见骆秉章确实求贤若渴，来长沙的一路上又亲见民众受战火波及而流离失所的境况，明白"覆巢之下无完卵"的道理。沉吟了好一会儿，左宗棠终于点头，答应了骆秉章的邀请。而骆秉章也和张亮基一样，完全将军务委托给左宗棠筹划处理，对他言听计从，后来甚至发展到，左宗棠起草处理的文书，骆秉章只管盖印签字，连检验复核的程序都免掉了。有了骆秉章的充分信任和授权，左宗棠得以放心大胆地发挥自己的才干。

二

　　左宗棠所面临的首要挑战，就是对付湖南境内的太平军。当时，太平军已经占领靖（jìng）港、湘潭，对长沙形成了南北夹击的态势。而清军方面，曾国藩刚组建不久的团练武装——湘军，逐渐成为抗击太平军的主力。所以，左宗棠的第一要务，就是为湘军作战出谋划策，并筹集粮饷物资供应湘军所需。

　　为解除长沙之围，湘军决定主动出击。当时，大多数将领都主张北攻靖港，因为这里作为湘江上十分重要的码头，是各地向长沙供应物资的咽喉所在。唯独左宗棠提出了不同意见。他说："靖港的战略地位当然非常重要，但是匪军对这里极为重视，留有重兵防守，如果我军主力贸然进攻，显然没有必胜的把握，一旦失利，则长沙将无兵可守，那可就危险了！相比靖港，南面湘潭的匪军对长沙威胁更大，其态势也相对更加孤立。我们应该集中力量先进攻湘潭，解除长沙南面的威胁，然后再集结主力，进取靖港！"

曾国藩考虑再三，采纳了左宗棠的意见，派塔齐布率湘军主力南下，进攻湘潭。很快，湘潭首战告捷的消息传来，曾国藩有些飘飘然了。他忘记了左宗棠的告诫，急于求成，贸然亲率大小战船由长沙进攻靖港。但湘军战船刚驶入靖港就遭到太平军岸上炮火的猛烈轰击，战舰损失大半。曾国藩赶忙率陆上部队增援，同样被太平军予以痛击。曾国藩羞愤交加，想要投水自杀，被随从救起，最后只得狼狈逃回长沙。

曾国藩回到长沙后，惊恐不安，想要以死谢罪。他命部下买来一口棺材，放进自己的大帐之中，以便服药自尽后盛殓（liàn）尸体。

左宗棠听闻曾国藩准备服药自尽，气不打一处来，不禁跺脚叹息道："曾涤生（曾国藩的号），你好糊涂啊！"他立即赶到湘军大营，只见曾国藩有气无力地坐在帅椅上，闭口不言，桌子上摆放着一瓶毒药。左宗棠上前，一把拿起毒药，狠狠地朝地上扔去。曾国藩不满地嘟囔道："左师爷你这是干什么？难道你连殉国的机会都不肯留给我曾某人吗？"

左宗棠冷哼一声："曾大人，你饱读诗书，难道连'胜败乃兵家常事'的道理都不晓得吗？此次靖港之败，不过是一时之失利，何苦效法愚夫愚妇的行径？"曾国藩长叹一声道："曾某苦心经营湘军数载，好不容易才初见成效，谁承想一念之差，竟然招致如此惨败！曾某若苟活于世，如何对得起那些战死的湘军将士？"左宗棠听了曾国藩的这番话，更觉荒唐，于是提高音量道："如此说来，曾大人一死，便能对得起战死的湘军将士，便能解除皇上与朝廷的忧患，便能够保卫湖南父老的安全了？曾大人，别自欺欺人了！你轻率地死了，说不定能得到个殉国的名声，但是有识之士必定耻笑你怯懦糊涂、不敢面对真正艰巨的挑战！"

曾国藩听了左宗棠的批驳，心中寻死的念头一点点儿消退，一句话也说不出来。左宗棠没再多说什么，走到帅案前，开始研究地图。过了好久，曾国藩终于开口了："左师爷，如今的局势，要想翻盘，你有什么良策？"左宗棠明白，曾国藩寻死的念头已消，暗自长舒了一口气。他指着地图分析道："战局的关键，仍在于湘潭的得失。依在下之见，曾大人现在应该致力于重整退到长沙的湘军队伍，协助巡抚骆大人做好长沙的防卫。至于塔齐布将军那里，大人先前已派去援军，实力是足以拿下湘潭的，我们只要保障好他们的军需供应就可以了。"曾国藩连连点头，"理应如此处置！"

果然，如同左宗棠预料的那样，南线湘军在塔齐布的指挥下，于四月初攻占了湘潭。靖港的太平军见湘潭失陷，南北夹击的战略落空，被迫北撤。左宗棠趁机鼓励曾国藩发动新的攻势，终于迫使太平军撤回了武昌，湖南境内的战事暂告结束。

# 三

好不容易解了燃眉之急，新的难题又摆在了左宗棠的面前：湘军奉命出省作战，需要湖南供应大量的军事器械和粮饷；而协防湖南的各省军队，同样需要湖南提供各种物资；最多的时候，湖南一省竟然要负担五个省的军费！如果无法及时筹饷，遭遇欠饷的军队就随时有哗变的风险；可湖南久经战火，民众本就苦不堪言，无力负担沉重的税负。当时，各地官员借筹措军饷的名义，肆意盘剥百姓，在原有漕粮正税之外，还征收名目繁多、无休无止的"加派"，不仅将百姓逼入绝境，连中小地主都苦不堪言。左宗棠非常想要改变这种局面，但一时又想不到两全其美的办法，颇感头疼。

一天，左宗棠早饭后照常到巡抚衙门理事。刚走到衙门口，便看到一名身着长衫、脚踏布履的中年男子，在衙门口举着一块"条陈大计，求见巡抚"的牌子，口称："我要面见巡抚大人！事关钱粮大计，不容耽搁！"左宗棠觉得奇怪，便上前询问道："敢问这位兄台尊姓大名？何故在此举牌上书啊？"中年男子打量了左宗棠一眼，见他像是个知书明理之人，就犹豫着开口道："鄙人周焕南，湘潭举人。阁下又是何人？"左宗棠从容地回答道："在下也是举人，湘阴举人左宗棠！"周焕南一听，深施一礼，正色道："原来是大名鼎鼎的左师爷，失敬失敬！"

左宗棠摆摆手道："不必拘礼。周兄在此求见巡抚大人，所为何事啊？不妨先对左某略谈一二。"周焕南答道："回左师爷，在下是为湘潭乃至整个湖南的钱粮征收大计而来！"左宗棠这几天正苦思冥想钱粮问题，对周焕南的话当然很感兴趣，便鼓励他继续说下去。周焕南清清嗓子，开口说道："种田纳粮，天经地义，何况如今战事频仍，军需吃紧，我等士民也愿意为国分忧。然而，地方官府不知体恤下情，一味加派，百姓早已苦不堪言。就拿湘潭来说，朝廷规定，漕粮一石，折银一两三钱，而湘潭竟然要收四两三钱！地丁正银，朝廷规定为一两，湘潭却要收三两四钱。如此沉重的苛敛，平民百姓怎么可能完得成呢？"左宗棠点点头道："确实难以完成。"周焕南又说道："加派本是临时之举，现在加派一年比一年多，无休无止，如此持续下去，士民哪里还有活路啊？我等士子为民请命，到湘潭县、府衙门向知县、知州申诉民情。没想到，我反被扣上枷锁，羁（jī）押数日！我岂能白白受此奇耻大辱？何况事关百姓的生计，如何能不为之力争？因此，我才来到省城，好向巡抚大人申诉民情！"左宗棠听罢，颇为动容，握住周焕南的手道："周兄为民请命，不屈不挠，令人赞佩！只是，如今粮饷奇缺，取消加派似乎也不现实。周兄此来，想必已有破解之策？"周焕南苦笑道："破解之策谈不上，但周某的确有些想法。依我看，征粮难，根源在于浮收！要避免这种情况，就必须将'军需加派'的数额固定下来，有了固定数额，则各级官吏趁机中饱私囊的空间就大大缩小了。百姓心中有了底，咬牙承受也有了盼头。钱粮征收的效率，便可以大为提高！"左宗棠越听越兴奋，接过话茬说："周兄所言极是！这几日我苦思钱粮对策，也觉得加派定额是可行之法！周兄以为，定为多少合适？"周焕南答道："在下以为，可以把军需加派固定为一两三钱，与原有正税相当，另加四钱供地方支出。这样，尽管百姓的负担比战前增加一倍多，但好歹不再像填无底洞一样绝望了。"左宗棠点头道："这一数额，合情合理！周兄放心，我一定将你的建议如实转达给巡抚骆大人！"

送走周焕南后，左宗棠立即根据刚才的谈话内容，草拟了一份湖南钱粮征收的新章程，并立即呈报给骆秉章。骆秉章采纳了这一章程，先在湘潭试点，随即在全省范围内推行。左宗棠当然也意识到：失去贪污敛财空间的各级官吏，必然会阻挠钱粮征收新章程的实施。所以，他在推行新章程的同时，大力整饬（chì）吏治，严惩贪官污吏，以保证新税制的顺利推行，减轻百姓的实际负担。

由于左宗棠协助湘军作战、接济军饷有功，清廷提升他为四品官员。

读故事 学知识

## 覆巢之下无完卵

原指如果鸟巢倾覆，其卵没有不碎的。后多用来比喻一人获罪，全家难以幸免。

出自《世说新语·言语》，孔融被逮捕，他的两个儿子在一旁玩游戏，毫不慌张。孔融对差役说："所有罪责由我一人承担，可否保全我两个孩子的性命？"他的儿子从容进言："大人岂见覆巢之下复有完卵乎？"

## 胜败乃兵家常事

原指带兵作战的人取胜或失败是平常之事。现在多为劝人的话，没必要把偶然一次的胜败看得过重。

出自《旧唐书·裴度传》："一胜一负，兵家常势。若帝王之兵不合败，则自古何难于用兵？"意思是，胜败是兵家的常态。如果说帝王的军队就不应该打败仗，那么自古以来朝廷用兵还有什么困难的呢？势：通"事"。

第七章

独当一面

一

　　咸丰十年（1860 年）五月，四十八岁的左宗棠接到了朝廷的谕旨，要他协助曾国藩办理军务。而曾国藩交给左宗棠的首要任务，就是尽快建立一支有战斗力的独立军队，以便支援自己在安徽的作战。这与左宗棠自立门户的愿望不谋而合，因此他全身心地投入建军事业中。

　　要建立一支军队，首先自然是要选用将领、招募士兵。左宗棠在骆秉章幕府中任职时，就比较留心湖南的将领。如今要自己组建军队，哪个将领足以担当领军重任呢？左宗棠闭上眼睛，在脑海里把自己熟悉的将领都过了一遍，仔细分析他们的优缺点。忽然，"王鑫（zhēn）"这个名字从他脑海中闪过。左宗棠一激灵，"对呀，王鑫本是个合适的人选！"这个王鑫不仅打起仗来勇猛无畏，被人称为"王老虎"，而且治军也很有一套，他统率的老湘营凝聚力强，士兵在战场上个个奋勇争先。

可惜的是，王鑫已经在三年前不幸病死于军中。这之后，他的弟弟王开化仍然统率着老湘营四处作战，其勇猛的风格跟他的哥哥如出一辙。左宗棠几次跟王开化打交道，彼此印象都很不错。

想到这里，左宗棠打定了主意：这支新军的主将，就由王开化来担任！他当即派人带着自己的亲笔信和礼金去聘请王开化。过了几天，左宗棠觉得，这样仍不足以显示自己的诚意，于是干脆登上马车，亲自前往王开化家中拜访。

接到左宗棠的书信，王开化就有些动心了。如今看到左宗棠亲自来到自己家中，王开化又惊又喜，赶忙将左宗棠请进正堂落座，并奉上好茶。左宗棠开门见山，恳切地对王开化说道："王将军，咱们也算老相识了，我向来十分仰慕你和令兄的军事才华，欣赏你们勇猛无畏的战斗风格，以及老湘营精诚团结、奋勇争先的氛围。如今我奉圣上命令，要组建一支独立新军，我第一个就想到了你呀！不知道将军你，是不是愿意帮助我建设一支像老湘营一样勇猛无畏、精诚团结的铁军呢？"王开化很感激左宗棠的赏识，连称："左大人真是过誉了！有为您效力的机会，我是唯恐错过，怎么会不愿意呢？只是……"王开化不好明说，但他实在也不能不顾虑自己和老湘营未来的待遇和地位问题。左宗棠对王开化的顾虑了（liǎo）然于心，不紧不慢地开口解释道："王将军，请你放心，老湘营加入我的新军后，建制仍然可以保持原状，待遇上我也会尽力争取，肯定比现在要优厚！不仅如此，我已经拟好了奏折，这就保荐你做我的'总理营务'。整个新军的招募、训练工作，都由将军你全权负责！"短短几句话，就把王开化的顾虑完全打消了，他当即表示："王某愿意为大人效力！"新军的主将人选就这样确定了下来。而事实也证明，左宗棠看人的眼光相当准，王开化充分发挥自己的才干，为组建新军做出了极大的贡献。

除王开化外，左宗棠还延揽了崔大光、李世颜等九位勇敢朴实的湖南旧将，让他们到湖南各地去招募士兵。左宗棠要求所募士兵要"精壮"、能"拼命打硬仗"。最终，一共招募到五千四百人。左宗棠将这支军队命名为"楚军"。

有了将领、士兵和建制，只是建军的第一步。要想让军队具备战斗力，就必须进行严格训练。左宗棠主要对士兵进行三方面的训练。首先，是"练心"，一方面灌输"忠义"等思想，强化士兵的服从意识、团队意识；一方面通过模拟各种艰难困苦的环境，比如在大风、暴雨中行军，在崎岖难行的山地作战等，来磨炼士兵的意志；其次，是"练胆"，使士兵直面战场上的各种危险情况，帮助其克服胆怯心理，增强胆魄，逐渐敢做动作、敢于拼杀；最后，是练技术和气力，学习使用各种武器的方法和技巧，增强体能储备。

从五月到八月，左宗棠带领楚军进行了艰苦的训练。他每天顶着烈日，亲自到场督促，从早忙到晚，以至于皮肤都晒黑了。在左宗棠的努力下，这支新军终于具备了一定的战斗力，可以开赴战场了。

二

不久，曾国藩命令左宗棠率军开赴江西景德镇，以缓解自己的大本营——祁（qí）门的军事压力。此时，太平军一部也在侍王李世贤的率领下进军景德镇，双方展开了激烈争夺，互有胜负。咸丰十一年（1861年），太平军发动猛攻，一举拿下景德镇。左宗棠被迫撤退到乐平。

楚军将士因景德镇丢失而普遍情绪低落，再加上乐平很小，城墙年久失修，看起来根本没办法阻挡敌军的进攻，所以大家都对接下来的战局感到悲观。配属左宗棠的一些地方部队士兵，甚至趁着夜色逃离了军营。

左宗棠也对景德镇的失守感到懊恼，但他依然保持了冷静，没有丧失信心。他一面派出侦察兵，窥探敌军的动向，一面结合地图，对乐平附近的战略要点进行实地考察。几天后，通过对战场形势的分析，左宗棠敏锐地捕捉到了反击的时机。

这天，左宗棠召集全军将士，鼓励他们说："各位将士，景德镇一战，我军虽暂时撤退，但实力并未严重受损。匪军夺下景德镇，下一步必然转而北攻祁门，从而放松对我们的警惕。这正是我们反击的好机会！诸位将士无须气馁（něi），当振作精神，只管奋勇向前，随我亲手将失地夺回来！"将士们见左宗棠如此冷静和笃（dǔ）定，士气为之一振，于是加紧准备反攻。

当天，部将刘典来向左宗棠请示："左帅，是不是应抓紧修缮（shàn）乐平城墙，以便据城坚守？"左宗棠摇摇头，说道："不必。"刘典表示不解："末将不明白，还请左帅指点。"左宗棠微微笑道："乐平城小，难以容纳我军士兵和物资，且城墙又低又薄，根本承受不了敌军的火炮轰击。即使费尽心思加固加高，作用也终究有限。何况本帅预定的战场，并不在乐平，而是在范家村！"刘典凑近地图，发现"范家村"早就被左宗棠用朱笔勾了个圈。这下刘典更疑惑了，"左帅为什么要将战场预设在范家村呢？据末将所知，此处虽然背山面河，但地势较低，未必有利于防守吧？"左宗棠哈哈一笑道："你所言不差。我选中范家村，恰恰是因为此处地势较低！"刘典起初摸不着头脑，仔细想了想，才恍然大悟："莫非左帅是想要以水制敌？"左宗棠满意地点点头，"正是如此！在此前的战斗中，匪军的骑兵凭借机动灵活的优势，表现活跃，对我军形成了很大的威胁。此番再战，我军若想取胜，就必须限制住敌军的骑兵。范家村背山面河，地势较低，只要在这里挖掘壕沟，构筑掩体，然后引水塞堰，使其满溢，便可以将周围地区变得泥泞，从而使敌军的骑兵寸步难行，派不上用场！"刘典对这一战略感到十分赞叹，连声说："左帅妙计！妙计啊！末将这就去执行！"

太平军主将李世贤本已领兵北进，听闻南面的楚军要卷土重来，担心腹背受敌，所以调转方向，率数万军队扑向乐平，想要一举消除楚军这个隐患。行至乐平二十里开外，他派出的侦察兵回报说："敌军已在范家村扎营，等待我军！"李世贤冷笑一声，"哼，敌军不想着据城坚守，却准备在城外与我军作战，这不是给我们的骑兵当活靶子吗？传令骑兵部队，速速向前，给我一举冲垮敌军！"

眼看太平军骑兵呼啸而至，楚军人数虽少，却并不惊慌，凭借着预设的工事，顽强阻击敌人。由于泥泞的地形大大削弱了太平军骑兵的作用，所以楚军激战一天，不落下风。次日，战场上天气突变，风狂雨骤，左宗棠判断反击的时机已到，果断命令王开化、刘典、王开琳等部将兵分三路，出其不意地发起了反击。楚军在此前的"练心""练胆"中已经对在恶劣天气下作战有了一定的经验，因而不顾风雨，纷纷跃出堑（qiàn）壕，奋勇向前，太平军难以抵挡，狼狈败走。左宗棠命令部队不要停下脚步，继续猛冲猛打。最终，楚军在追击中八战八胜，太平军伤亡万余人，被迫放弃原来的作战计划，撤入浙江休整。楚军乘胜收复了景德镇。

此次乐平之战，楚军以六七千人的兵力击败数万敌军，巩固了祁门的南路，使在休宁刚遭到惨败的曾国藩绝处逢生。曾国藩大喜过望，立即为左宗棠请功。清廷于是升左宗棠为浙江巡抚，授正三品官衔。

## 三

同年八月，湘军在曾国藩指挥下攻克了安庆，从上游直接威胁太平天国的首都——天京（今江苏南京）。太平军则在浙江发动了几次攻势，占领除衢（qú）州外的浙江全省。

左宗棠上任浙江巡抚后，立即向朝廷上奏，一口气撤掉了十七名守土不力、贪赃枉法的文武官员。手下有谋士委婉地提醒他："大人您上任伊始便铁腕立威，固然大快人心，只是浙江官员对您尚不了解，若不恩威并施，难免人人自危，以后的工作恐怕不好开展啊。"左宗棠不以为然，严肃而又坚定地说道："浙江军务败坏，根源就在于历任督抚全不知兵，一味纵容属下，致使军令不能执行，大小官员和将领个个都成了贪官、庸将。如今不下猛药，便不能破除顽疾；不能除旧，如何布新呢？"谋士自知理亏，只能乖乖闭嘴。

左宗棠一面毫不留情地整肃吏治，一面不拘一格地起用真

正的人才。率军进入浙江之前，左宗棠注意到一个名叫魏喻义的湖南绿营军官。当时他因擅杀了一个裨（pí）将而遭到解职查办。左宗棠了解到：这名裨将是个腐败分子，公然侵吞军饷，引起众怒，魏喻义极为愤慨，所以情急之下，没有履行完全部司法程序，就处死了这个贪污犯。左宗棠怜惜魏喻义朴实廉洁又有正义感，于是多方奔走疏通，终于救下了魏喻义，使其免于严厉的惩罚，并将他调到楚军中任职。魏喻义对此感激涕零，一直渴望着立功来报答左宗棠。在楚军收复浙江严州的战斗中，由于城池坚固、守军顽强抵抗，楚军久攻不下。魏喻义看到这种情况，觉得报答左宗棠的机会终于到了。他主动请缨，带领一千名敢死队员，趁着半夜偷偷爬上城墙，与敌军展开短兵相接的白刃战。在魏喻义的带动下，楚军将士个个凶悍异常，敌军来不及防备，纷纷外逃，楚军趁机攻入城池，终于占领了严州。

　　拿下严州后，左宗棠采用水陆并进的策略，稳步向浙江省城杭州推进。

# 四

同治二年（1863 年）四月，清廷擢（zhuó）升左宗棠为闽浙总督，节制浙江、福建军务。

当时，清廷急于平定太平天国，采取"借师助剿"的策略，勾结英、法等国，组织雇佣军，共同围剿太平军。左宗棠虽然不得不遵守朝廷"定议"，内心对于这些外国雇佣军却充满警惕。他不止一次地提醒朝廷和浙江的各级官员，务必要盯紧洋人的动向，慎重防范其节外生枝、得寸进尺。

配合左宗棠行动的外国雇佣军，主要是由法国雇佣兵组成的"常捷军"。起初，"常捷军"军纪不严，甚至屡屡出现破城后纵兵抢掠的恶行。担任临时统领的法国人德克碑，对士兵的暴行睁一只眼闭一只眼。左宗棠得知情况后，极为愤慨，一面发布命令，宣布对非法抢掠的行径一律严惩不贷（dài）；一面将雇佣军的暴行报告给总理衙门，请其向法国公使提出严正交涉，要求撤销德克碑的统领职务。法国公使不愿因此事而彻底破坏两国关系，所以勉强同意派其他人取代德克碑。

德克碑听到消息后，很是慌张，毕竟他这个统领的位置才坐了个把月，屁股还没暖热乎，就面临着被革职甚至遭受进一步处罚的危险。所以，德克碑立即赶到左宗棠在严州的军营，请求拜见。左宗棠料想德克碑此来必定是想保住统领之位，而自己正好可以借此立威。于是他在大营中严肃地接见了德克碑，用严厉而坚定的口吻对他说："中国剿贼，本不需要借助外力。如今朝廷允许你们凭借自己提供的军事服务获取报酬，那么你们自然应当为我国政府尽心尽力。你们既然来到中国的土地上，在中国的军队里做事，就必须服从我国的法律和军事纪律，这个道理，不管在哪个国家，都是适用的吧？我的部下报告说，你不能很好地约束自己的部下，任由他们抢掠我国的百姓，危害我国的利益，这是犯罪！对于这样的罪犯，我国当然不能轻饶！在你们国家，遇到同样的情况，肯定也是会严厉惩处的吧？本帅如今已经向总理衙门禀奏，要求将你撤换掉。你现在还有什么要讲的？"

德克碑听了，内心不禁感到惶恐，豆大的汗珠不断地从脸上流下来。他赶紧向左宗棠表示，自己已经认识到错误了，以后一定会严格约束手下的士兵，绝对不敢再违反军纪了。看到左宗棠面色略微和缓，德克碑又赶紧请求左宗棠，希望他给自己一个机会，不要再坚持撤换他。左宗棠见德克碑认错态度较好，考虑到其他接任者未必能像他这样，便也倾向于让德克碑留任。不过，表面上他依然以严厉的口吻说道："你说的事，本帅会予以考虑的。但是，你必须签下文书，郑重声明日后必定服从指挥和管束，绝不再违反军纪，不再节外生枝，否则便自行离职！"德克碑看到事情有转机，赶紧表示愿意照办，随即便当场写好了保证书，按上手印，交给左宗棠。告别之际，德克碑请求按法国礼仪向左宗棠脱帽致敬。左宗棠表示："你既然在中国任职，自然应当遵守中国的官方礼仪！你们的那套礼仪在这里可不适用！"德克碑碰了钉子，只得连连点头离开。

第二天，德克碑再次到左宗棠大营去的时候，左宗棠发现他的络腮胡子不见了，就问他是什么缘故。德克碑回答道："回总督大人的话，我见您昨天总是盯着我的胡须看，又说我在中国做官需要遵守中国礼仪，我就担心您是不是不满意我的胡须，所以干脆剃掉了！"左宗棠不禁哑然失笑，"其实本帅只是对你的络腮胡为何那么茂密感到好奇罢了！"

经过这番交涉，左宗棠觉得德克碑还算是个能合作的人，于是就不再坚持撤换他。而德克碑留任后，也确实强化了军纪，认真服从左宗棠的指挥调遣。

次年（1864 年）初，楚军在"常捷军"的配合下，包围了杭州。二月下旬，杭州的太平军内部发生动乱，左宗棠趁机命楚军发动总攻，用西洋火炮轰塌了一处城墙，太平军见势不妙，连夜弃城出逃。左宗棠入城后，立即下令严禁掳（lǔ）掠，同时招商开市，奏请朝廷减税减赋，以便百姓们休养生息。经过左宗棠的努力，浙江的局势渐渐好转。

读 故 事 学 知 识

## 祁门

祁门，属古徽州"一府六县"，现为黄山市辖县，多山区，有"九山半水半分田"的说法。自唐代建县，就有十分繁盛的茶市，被誉为"中国红茶之乡"，直到现在祁门红茶依然是中国名茶精品，声名远播。

## 不拘一格

指不局限于一种形式或方式。

出自清代龚自珍的《己亥杂诗》："九州生气恃风雷，万马齐喑究可哀。我劝天公重抖擞，不拘一格降人才。"

## 裨将

裨，指古代祭祀时穿的次等衣服。裨将，即副将。

出自《尉缭子·兵教上》："自什以上，至于裨将，有不若法者，则教者如犯法者之罪。"意思是自什长以上直到裨将，有不按法令行动的，那么负责教练的各级官吏，和犯法的人同罪。

## 哑然失笑

指听到或看到有意思的事，忍不住笑出声来。

出自《吴越春秋·越王无余外传》："禹济江，南省水理，黄龙负舟，舟中人怖骇，禹乃哑然而笑。"意思是，大禹渡过长江，来到江南察看河道，这时，有一条黄龙驮起大禹的船前行，船上的人惊惧异常，禹却忍不住笑出声来，一点儿也不害怕。

第八章

开创船政

一

　　同治三年（1864年），担任宁波海关税务司的法国人日意格，应闽浙总督左宗棠的邀请，来到了杭州的总督府，与中方商讨解散"常捷军"事宜。

　　商谈结束后，日意格正准备打道回府，左宗棠热情地挽留住他，并邀请他随自己去西湖边游览。日意格自然爽快地答应下来。不一会儿，两人一同来到西湖边。秋季的杭州西湖，是一派成熟的景象。岸边是十里飘香的桂花，水面上则波光粼粼，布满一片片碧绿的荷叶，洁白如玉的荷花亭亭玉立，真是美不胜收。不过，日意格在欣赏美景之余，心里却在嘀咕："总督大人这葫芦里究竟卖的是什么药？"

　　左宗棠见日意格的脸上写满了疑惑，便为他揭晓了谜底：原来，他这次带日意格来西湖边，就是想请日意格参观自己主持仿造的西式小轮船。日意格一听左宗棠居然造了西式轮船，颇为惊讶。他很好奇这艘仿制轮船性能如何，便请求靠近些观看，左宗棠欣然答允。

日意格走到湖边，仔细打量，只见湖面上这艘小轮船外形与常见的法国轮船相仿，但仅能容纳两人。左宗棠朝船上的人摆摆手，小轮船就慢慢行驶起来，但速度相当慢。等轮船在湖上转了两圈后，日意格有些好奇地询问左宗棠："总督大人，据我所知，贵国眼下并没有制造新式轮船的机器，而且即使在我们法国的船厂，由于成本和模具等原因，也不会造这样小的轮船，您是怎样造出这艘船的呢？"

左宗棠指了指身后一位头发花白、神态恭敬的老工匠，回答道："这位老师傅是杭州城中知名的能工巧匠，我礼聘他以你们英法舰船作模型，为我仿造轮船。这艘船便是他带领徒弟们花费数月制造而成的。"

日意格难掩惊讶之情："也就是说，这艘船是用纯手工的方式打造的？"老工匠点点头，表示肯定。

"这真是太了不起了，总督大人！"日意格拍手说道，"要知道，即使在我国全机器生产的船厂里，制造一艘轮船也绝不是一件容易的事！这足以证明中国人是非常聪明的。"

左宗棠当然清楚，日意格的评价带有礼貌性质，但仍微微颌首作为回应。他随即表示，这次请日意格来，正是为了搞明白这艘船为什么速度慢。日意格请求登上轮船仔细观察，左宗棠点头应允，命人将船靠岸，让日意格登船观察。

几刻钟后，日意格回到岸边，回复左宗棠道："总督大人，据我观察，这艘船各部分的构造，大致还是比较合理的，只是有些关键部件，尤其是轮机（蒸汽发动机），内部机械结构不完善，这才导致动力不足。"左宗棠若有所思地点点头，接过话茬询问道："那依你看，这艘船当如何改进？"日意格面露难色，"总督大人，恕我直言，蒸汽发动机内部机械构造相当复杂，手工方式是不可能仿制出来的。比较好的办法，是直接购入轮机乃至整艘轮船。我国在宁波的造船厂，轮机也是直接从马赛（法国南部城市）运来的。总督大人若有意购船，我愿意为您牵线搭桥。"

左宗棠不置可否，又问道："我听你的同僚德克碑说，你们法国的造船厂使用机器制造轮船，每年能生产几十上百艘火轮。若是我国也能建起自己的船厂，造船就甚为便捷了。不知阁下怎么看？"

日意格心想：总督大人好大的口气，船厂岂是说建就建的？不过表面上，他仍委婉地表示："贵国若能自行设厂造船，生产效率当然比较高。但要想创建新式船厂，一来需要引入整套设备，并保证充足的原料供应，成本是非常高昂的；二来船厂还需要配套的机械、维护、驾驶人才，这些人才贵国目前尚且十分缺乏。这些困难都不好解决。总体来看，还是直接从我国购入整船更为划算。"

左宗棠听出了日意格的弦外之音，但是仍然追问道："这些难处的确存在。不过我对贵国船厂着实很感兴趣。倘若以后真有适当时机，我国要自行设厂制船，阁下是否愿意协助我们呢？"日意格也未多想，满口应承："我当然愿意为总督大人效劳了！"随即又补充道，"目前总督大人还是多考虑租借或订购我国的整船为好。我返回宁波后，就将法国的新式火轮图册寄赠给您。若您需要相应的维护技师，我也可以代为招募、介绍。"左宗棠颔首表示感谢。

日意格告辞后，左宗棠将目光转向身旁侍坐的"红顶商人"胡光墉（字雪岩），问道："雪岩，对于刚才日意格所说的，你怎么看？"胡光墉起身，恭敬地答道："回总督大人，下官以为，从投入上看，日意格所言有一定的道理，眼下设厂造船的成本确实远高于租借或购买外国整船。"

左宗棠听了胡光墉的话，轻轻摇头道："当今新式军械，最重要者，就是火器与轮船。若论复杂精密，又以轮船为最，英法诸国横行海上，正是依赖轮船。仿造火器，国内已有先例；仿造轮船，尚无完全成功者。今日试验，结果你也看到了，可以说是徒有其表而未得其精髓呀！仿造之难，确实如日意格所言，关键在于轮机制造的技术。可制造轮船之事，岂能知难而退？购置轮船，是用于海防和缉捕盗贼。而我朝海防之大患，不正是来自英法诸国吗？和平之时，他们贪图钱财，自然愿意卖船给我们；可一旦两方干戈再起，他们还会卖船给我们吗？到那时我们又从何处购船呀？况且船上的技工均系英法之人，战端一开，他们不愿继续为我们服务，已经买到的轮船不也成了无用的废铁吗？不把造船技术完全掌握在自己手里，不能培养自己的维修和驾驶人才，则海防就不可能真正得到巩固。"

胡光墉听了左宗棠的这番话，恍然大悟，赶忙回应道："总督大人所虑甚是。下官商人出身，见识短浅，听大人方才的话，犹如醍（tí）醐（hú）灌顶，这才理解大人坚持自行设厂造船的良苦用心。"左宗棠摆手道："雪岩不必自轻。眼下我尚且需要集中力量对付浙江、福建两省的匪军余孽，没有精力专门筹谋设厂造船的事。但此事又耽误不得，非预先做准备不可。雪岩你素来机敏精干、八面玲珑，又熟悉洋务，跟洋人打交道的经验很丰富。所以还要仰赖你与洋人周旋交涉、搜集情报，为将来咱们的船厂正式开设打好基础啊！"胡光墉连连点头应承："请大人放心，下官必当尽心竭力！"

二

　　同治五年（1866 年）春，与太平天国的战事基本结束，左宗棠返回福州。恰巧此时，清政府在英国驻华参赞威妥玛、总税务司赫德的游说下，正准备购买、雇佣英法两国的新式轮船，下诏让沿海的督抚们讨论此事。不少沿海督抚都表示赞同购买或雇佣英法轮船。

　　左宗棠对此十分忧虑。他特意推掉了许多日常事务，一连好几天都在府上构思奏折，想着如何才能说服朝廷打消购买轮船的念头，转而自行设厂造船。

　　恰好在此时，左宗棠的老部下、时任浙江布政使的杨昌濬（jùn）因公务到福州出差，顺便来拜见他。两人一见面，左宗棠就开门见山地问道："石泉（杨昌濬的字）呐，朝廷要购进英法轮船的诏书想必你也看到了，你是怎么想的？"

　　杨昌濬自从组建楚军的时候就跟随在左宗棠身边，深知他不喜欢兜圈子，于是坦诚地回答道："回大人的话，下官以为，以往的战事说明，英法的新式轮船确实好用。可是，我们买进越多的英法轮船，在维护、驾驶方面就越依赖英法，即使他们提出什么过分的要求，我们也不得不迁就答应。万一有一天我们与他们兵戎（róng）相见，他们撤走船上的维修、驾驶人员，我们买的船就成了废铜烂铁。这岂不是危险至极？"

左宗棠满意地点点头，"你说的这些，正是我深深担忧的事情啊！购买英法轮船，就等于把海防的主动权拱手交给了外人！这是万万不能接受的！有些人只看到眼前的便利，却忽视了背后潜藏的巨大危机，实在是鼠目寸光！"稍顿一顿，他坚定地说道，"归根结底，在轮船问题上，借不如雇，雇不如买，买不如自造！想要防止海之害而收其利，非整理水师不可；想要整理水师，非自行设局制造轮船不可！"杨昌濬点头赞许，"大人这话真是精辟！不过……"忽然话锋一转，欲言又止。左宗棠见状，知道他心有顾虑，便鼓励道："石泉你有什么疑虑，尽管提出来便是，何必吞吞吐吐？"

杨昌濬向左宗棠拱了拱手，说道："不瞒大人，对于自行设厂造船，下官确实有些疑虑。既然大人令我畅所欲言，那我就斗胆一一道出，还望大人为我解惑！"

左宗棠听了，捻须笑道："看来石泉是有备而来啊！你尽管一一道来！"

杨昌濬稍微整理了下思路，开口道："这第一个疑虑，就是应该选择在哪里设厂。新式船厂对地理条件要求很高，符合条件的地方可不好找啊！"

左宗棠回应道："设厂之地，我已经考虑和调查过了。福建海口罗星塔一带，水质清澈，土质坚实，可用于建厂。"

杨昌濬又道："第二个疑虑，造船所需要的机器众多、工艺复杂，不仅购买困难，仿制更困难啊！"

左宗棠点点头道："确实困难，但并非没有解决办法。我们可以先购买样船，然后重金雇佣外国技术人员，让他们教我们学习仿制机器，'积微成巨，化一为百'，机器造好后即开始仿造船用蒸汽机、锅炉。由此触类旁通，渐渐掌握各门技术，则所有军火、铸币、民生所用机器设备，渐渐都可以自造。"

杨昌濬说："您刚才提到雇佣外国技术人员，那正是我的第三个疑虑：如何才能保证外国技术人员为我们尽心尽责呢?"

左宗棠微微一笑，回应道："石泉很细心啊。我已经想好了，要效仿西洋各国的通例，和洋人技师订立合同，明确规定其薪水和责任，依据实际的成效予以奖励和惩罚。"

杨昌濬不由得称赞道："这个办法好！想必洋人也容易接受！"然后又继续说道，"大人，这第四个疑虑，虽是老生常谈，却也是实打实的拦路虎啊：眼下朝廷财政捉襟见肘，船厂的建设经费，筹措起来势必十分困难。"

左宗棠点点头，叹息道："确实如此！不过，办法总还是有的。我们可以把福建的海关关税作为基础支持经费，用福建地方税收作为补充，同时努力争取浙江、广东两省的资金支持。"

杨昌濬追问道："那轮船建成以后，维护费用想必也相当高昂，要如何筹措解决呢？"

左宗棠答道："这我倒是有个好主意：可以用造出的蒸汽轮船承担朝廷的漕运任务，还可以承揽商业运输业务，以获得的利润作为维护费用。"

杨昌濬佩服地点头道："这个设想妙啊！既充分发挥轮船的功用，又赚取了经费，不必再向朝廷伸手要钱了！"

稍顿一顿，杨昌濬继续提问道："大人，即便我们成功仿造出轮船，可是我国缺乏驾驶轮船的人才，这个困难怎么解决呢？"

左宗棠呷一口茶，开口道："造船的目的是建立新式海军、强化海防，只有船没有人当然不行。所以，我早就想好了，在船厂附近，我们要开设专门的学校，教习驾驶轮船的技术，所有学员，不拘出身，只要能够精通航海学问，即可授予武职，令其在舰队中效力。"

杨昌濬不由得起身向左宗棠拱手致意，"大人的设想真是缜密细致，下官的疑虑均得解决！您当年带领我们楚军作战时，就有'运筹于帷幄之中，决胜于千里之外'的风度与才能，如今在造船设厂的大事上，您还是展现出一样的风采啊！设厂造船之事，若有下官能效力的地方，还望大人不吝指出，下官一定尽力去做！"

左宗棠捻须而笑道："哈哈，一言为定！那未来可要劳烦你这个浙江布政使加以协助咯！"

送走了杨昌濬后，左宗棠的心情仍然十分激动。他干脆以两人对话的内容为基础，迅速提笔写下了一份数千字的奏折，将自己多年来的思考和筹谋，向朝廷全盘托出。

左宗棠的这份奏折，言辞入情入理，筹谋缜密切实，极具可行性。在恭亲王奕䜣（xīn）、重臣文祥等人的支持下，朝廷批准了左宗棠的提议，授予他筹建"福州船政局"的全权。左宗棠设厂造船的大业，终于可以起步了。

接下来的几个月里，左宗棠在日意格、德克碑、胡光墉等人的协助下，开始了紧张的船厂筹办工作。选定厂址、规划配套工厂、招募西洋工匠技师、与他们签订合同、确定船政局的基本人员架构、制定未来五年内的生产目标，忙得不亦乐乎。此外，他还专门设立了"求是堂艺局"，教习轮船制造和驾驶技术，要求学员通英法两国语言、晓演算绘图之法，切实掌握轮船的核心技术，从而为日后独立造船、用船打下牢固基础。

三

　　就在福州船政局的筹办工作紧张推进之际，清政府却突然下诏，调左宗棠到西北去担任陕甘总督。原来，当时陕西、甘肃一带爆发叛乱，加上捻（niǎn）军也在陕西活跃，局势混乱不堪，清廷为收拾烂摊子，只能派精通军事的左宗棠前往。

　　接到朝廷的诏书，左宗棠陷入了左右为难的境地——他固然愿意为国纾难，可又怎么能放得下自己心心念念的船政大业呢？为了不使船政局中途夭折，他一面向朝廷再三申明，船政事业势在必行，即使自己离开福建，也绝不能就此搁置；一面日夜筹划，加快建设进度，希望在自己离任前能确立船政局的基本框架和章程。而当务之急，就是要物色一位能够接替自己全面主持船政事业的人才。

　　思来想去，他把目光对准了一个人。这个人，就是当时正在福州城中为父亲丁忧守孝的前江西巡抚沈葆桢。沈葆桢的岳父兼舅舅，正是左宗棠的忘年交林则徐。左宗棠和沈葆桢本就熟识，以往也有过融洽的合作。更重要的是，沈葆桢思想开明、心思缜密、才能出众，是左宗棠很欣赏的人才类型。

为了请沈葆桢出山，左宗棠先是写信向他说明情况，然后又亲自到沈葆桢在福州宫巷的住所拜访。左宗棠深知林则徐对沈葆桢的重要影响，刚一落座，就以情动人，深情地回顾了自己与林则徐的交往，重点强调林则徐对海防建设的重视，将办好船政局对强化海防、对继承林则徐遗志的意义娓娓道来。眼见沈葆桢听得动情，频频点头，左宗棠心想：看来幼丹（沈葆桢的字）出山有望了。出乎意料的是，沈葆桢虽然非常认同办好船政的意义，也很感激左宗棠登门邀请，但仍以"重孝在身"为由婉拒了。

左宗棠不好勉强，回到官邸（dǐ）后，细一琢磨，感觉沈葆桢并不排斥接手船政，而是有现实的顾虑。既然如此，那就必须打消他的顾虑。于是，没过多久，左宗棠再次来到宫巷沈宅。不过这次他不是孤身前来，而是把周开锡、胡光墉、日意格、德克碑等船政干将都带上了。左宗棠将他们向沈葆桢一一介绍后，郑重地表示："幼丹贤弟，愚兄既然选择你来继任船政大臣，就是百分之百地信任你，我一定会奏请朝廷授予你办理船政的全权。船政局所需的一切资源，绥珊（周开锡的字）、雪岩两人作为提调，必当听命于你，全力配合，一如现在听命于愚兄。船政局内日意格、德克碑两位负责技术的西洋顾问，在各项技术事务上皆须向你报告，根据你的决断来执行，绝不会出现政令不通、洋人'挟技自重'之事。一句话，我保证替你消除所有后顾之忧，贤弟你尽管大胆地放手去做！"这次，沈葆桢的态度明显松动，但仍有些许犹豫。左宗棠看在眼里，贴心地说道："船政事关重大，愚兄知道贤弟还需要一些时间考虑。你不必急于回复，愚兄过几日再来拜访！"

几天后，左宗棠按照约定，第三次踏入沈宅。这次，他直接带来了清廷任命沈葆桢为"总理船政大臣"的诏书，诏书不仅确认了沈葆桢总揽船政事务的权限，还授予他通过特殊渠道直接向朝廷交涉的权利。左宗棠将诏书郑重地交给沈葆桢，又亲切地握住他的手说："幼丹啊，愚兄深知，船政事务繁巨，反对者气势汹汹，这是个凶险的差事。然而正如你舅舅林公生前所言，'苟利国家生死以，岂因祸福避趋之？'愚兄素知贤弟是心系家国百姓之人，所以才放心把这副重担托付给你。但愚兄也断不会就此撒手不顾，独留你一力支撑。今后船政若出问题，皆为愚兄初创时思虑不周，我绝不推卸责任给你；各项新的创设措施，凡需奏请朝廷的，愚兄都愿与你列名联署，共同进退，以期稍稍减轻贤弟的压力，早日完成船政大业！"这一番话，说到了沈葆桢的心坎里，他当即向左宗棠深施一礼，郑重承诺："葆桢不才，劳烦左大人三顾蔽宅，关怀呵护备至。如果沈某再扭捏迟疑，岂非惺惺作态、愧对朝廷与生民？弟愿接手船政，必定竭尽微力，将左大人您开创的事业继续发展下去！"左宗棠如释重负，朗声笑道："幼丹既出，船政便可走上正轨，愚兄可以放心西行咯！"

同治五年（1866年）十一月，左宗棠启程离开了福州。此后的日子里，纵使远隔千里，他仍时时挂念着船政事业的进展，与沈葆桢保持密切的书信往来。船政局成功制造出第一艘千吨级兵商舰船"万年清"号、第一艘远东最大巡洋舰"扬武"号等好消息传来，每每使他欣喜不已，兴奋地向朋友们广而告之；而继任闽浙总督吴棠、内阁学士宋晋等人阻挠船政事务的消息，则令他怒不可遏（è），屡次愤然向清廷上书，与这些保守势力进行不屈不挠的斗争，终于使船政局转危为安，得以继续发展。

读 故 事 学 知 识

## 醍醐灌顶

醍醐，原指从牛奶中提炼出来的精华。佛教比喻为高妙的佛法或佛性。醍醐灌顶，即灌输智慧，使人得到启发。

出自《敦煌变文集·维摩诘经讲经文》："令问维摩，闻名之如露入心，共语似醍醐灌顶。"意思是，令他问维摩诘大居士，闻其名就如同甘露浸入心灵，和他说话，好像醍醐灌顶一般，可得大智慧。

## 捉襟见肘

襟，指衣服的胸前部分。捉襟见肘，原指提一下衣襟，胳膊肘儿就露出来了。形容生活窘迫，衣衫破烂。

出自《庄子·让王》，曾子住在卫国时，生活贫困，"十年不制衣，正冠而缨绝，捉襟而肘见，纳履而踵决。"意思是，十年没有做新衣服，正一下帽子就会拉断帽带，提一下衣襟就会露出胳膊肘儿，穿起鞋子就露出了脚后跟。

## 后顾之忧

指后方的忧患。

出自《魏书·李冲传》，名臣李冲清廉简朴、秉公处事，深得北魏皇帝的信任，他死后，皇帝痛惜地说："朕以仁明忠雅，委以台司之寄，使我出境无后顾之忧，一朝忽有此患，朕甚怀怆慨。"意思是，我在出境征战时，将朝中事务托付给李冲，不必顾虑后方的忧患。他忽然病逝，让我觉得无比悲怆和感慨。

第九章

经略陕甘

一

　　同治六年（1867 年）初，五十五岁的左宗棠到达汉口，在这里等待西征陕甘的部队完成集结。与七年前第一次率楚军出征时的踌躇满志相比，左宗棠此次西征陕甘，情绪明显低沉了许多。这不仅仅是因为他年岁渐长，体力和精力都大不如前，更是因为他明白，自己所面对的困难将是前所未有的：陕西、甘肃两省，土地贫瘠（jí），百姓穷困，阶级矛盾和民族矛盾都极为尖锐。在陕西活跃的捻军，本就是流离失所的贫苦百姓们组成的反抗武装，其部队大部分是骑兵，机动能力强，行踪飘忽不定，极难对付；而盘踞在甘肃的武装，产生的根源则是复杂而激烈的民族矛盾，加上宗教因素的催化，形成了既难以彻底剿除，也难以真正安抚的困局。

　　因此，左宗棠不敢掉以轻心。他在西进途中专门找来熟悉西北情况的老朋友王柏心，倾听他对陕甘局势的看法。经过一段时间的酝酿，左宗棠确定了基本的西征方略：

一是"先捻后回"，先对付眼下威胁更大的陕西捻军，然后再进军甘肃。

二是"缓进急战"，分三路稳健进兵，一旦接触敌军，则力求速战，消灭其有生力量。

三是"以炮制骑"，清军缺乏骑兵，所以要成立战车营，用新式火炮来对抗捻军骑兵。

然而，就在左宗棠积极做着各项准备工作时，清朝统治者却坐不住了。为了早日消灭捻军，清廷下诏，严令左宗棠即刻进兵陕西，不得有误。左宗棠无奈，只得匆匆离开汉口，开赴陕西。

尽管左宗棠临行前已经对困难局面做好了心理准备，但征讨捻军的过程，却比想象中艰难得多。陕西捻军在首领张宗禹的指挥下，将骑兵的机动优势发挥到了极致。他们先由南向北运动，再回军从西向东，纵横驰骋（chěng）于黄土高原，屡屡突破左宗棠精心设计的围堵，使清军顾此失彼，疲于奔命。

这年冬天，张宗禹为策应在中原地区活动的友军，采取围魏救赵的策略，突然率军掉头渡过黄河，直扑北京。尽管左宗棠立刻亲率精兵追击捻军，却完全赶不上其速度。捻军的前锋骑兵甚至一度到达了卢沟桥，北京城陷入恐慌。慈禧太后震怒，命左宗棠、李鸿章等人一个月内将捻军全部歼灭，否则将予以严厉惩处。可是即使参战清军的总数已达到十万，他们依旧被捻军牵着鼻子走。左宗棠不仅在战场上无计可施，还因为没完成慈禧太后布置的任务而被暂时革去了官职。对此，他也只能忍气吞声，苦苦支撑。直到同治七年（1868年）六月，捻军才因为在转移途中遭遇河水暴涨，陷入清军重围，最终宣告失败。

　　经过这次无比艰难的追剿作战，左宗棠更为清楚地看到了清军的虚弱、清政府的腐败低效，以及民众深重的苦难和难以压抑的愤怒。他由此确信，单纯的军事手段根本不足以解决陕甘地区动乱频仍的问题，必须将安抚和建设放在重要的位置，缓解紧张的社会矛盾，才可能迎来真正的和平安宁。所以，当左宗棠到北京面见慈禧太后，被问到"多长时间能解决陕甘问题"时，他非常谨慎地说："非五年不可。"

二

　　回到西安后，左宗棠召集将领、幕僚和各级官员，讨论处置回民叛乱问题的方案。

　　会上，很多将领和官员在汉、回矛盾上一味偏袒（tǎn）汉族，主张彻底剿灭回民武装。如陕西团练大臣张芾（fú）就公然叫嚣"见回不留"。听了张芾等人的激烈发言，左宗棠感到相当忧虑。他缓缓扫视一周，用目光示意众人安静，然后开口道："此次陕西汉族和回族百姓相互仇杀的恶性事件，起因其实是微不足道的小事，之所以演变成如今的浩劫，全都是因为两方平时积攒的矛盾太深了。如果我们只专注于剿灭，且不说回民数量众多，即使凭借杀戮（lù）暂时将他们镇压下去，他们和他们的后代心怀血海深仇，随时可能卷土重来，叛乱根本不可能有真正结束的那一天。更何况，自唐代以来，回民就与汉民杂居，已经在陕西、甘肃这片土地上生存繁衍了一千多年，岂有全部诛杀、不留遗种的道理？同样的，如果只专注于安抚，而对良民与匪徒不加区分，一概赦（shè）免，则会助长回民中奸佞（nìng）不法之徒的气焰，那么从前遭受他们残酷迫害的数百万汉民，其冤痛得不到伸张，怎么可能就此信服，而不在日后发起报复呢？归根结底，要处置好这个问题，必须采用'剿抚兼施'的政策，即'不论汉民、回民，只分良民、匪徒'，对匪徒务必痛加剿灭，对良民则要尽心安抚，这样才能解开长久的纠纷和仇怨，使两族的百姓共享升平之乐啊。"在场的官员和将领们听了这番入情入理的话，都感觉到以往的处置方法确实过于粗暴无礼，难有成效。沉默片刻后，他们纷纷表态："谨遵左帅方略！"

方略已定，左宗棠随即调兵遣将，任命部将刘松山作为前线主帅，目标是首先肃清陕西境内的回族叛军。经过一段时间的战斗，叛军屡屡被刘松山击败，粮食匮（kuì）乏，不得不向甘肃转移。左宗棠获知这一情报后，立即命刘松山全力追击，消灭了大量敌军。同治八年（1869 年）三月，左宗棠将大本营向西迁到陕西乾县，以便就近指挥清军西征甘肃。

在甘肃的叛军中，尤以马化龙部最难对付。他盘踞的金积堡，不仅地势险峻、易守难攻，而且控扼黄河要津，可以与西北各省及蒙古各部互通贸易。马化龙利用巨量财富，环绕金积堡建有五百多座堡寨，又大肆掠夺汉民的产业和财物，强占妇女，无恶不作。

当时，左宗棠忙于战事，无法抵达兰州，清廷就让穆图善代理陕甘总督。马化龙表面上向穆图善表示顺从，主动奉上大批钱粮，取得了穆图善的信任，被授予提督头衔；可私下里他却收拢陕西回军的残部，加紧购买马匹、制造武器，图谋不轨。

当左宗棠指挥部队西进时，马化龙一面暗中招募军队，一面假惺惺地写信给左宗棠，请求他招抚陕西回军的残部，以此来试探左宗棠对他的态度。左宗棠经过侦察，早就得知了马化龙的小动作，对他的意图洞若观火，回信表示："是剿还是抚，本帅并无成见；只是担心个别人有求抚的言语，却无求抚的真心，暗中有所谋划。"

马化龙在左宗棠这里碰了钉子，就试图挑拨穆图善和左宗棠的关系。穆图善果然轻信了马化龙的花言巧语，坚决反对左宗棠进攻马化龙部，要求改用招抚。清廷不知实情，批准了穆图善的请求。此时，刘松山等将领已经在前线开始进攻金积堡外围，马化龙毫不示弱，进行反击。穆图善见状，又站出来指责刘松山仓促进兵，酿成事端，实际上，这也是在暗中批评左宗棠，说他把马化龙从"良民"逼成了"叛贼"。左宗棠愤怒地准备上书辩解，幕僚饶应祺赶忙提醒他："穆图善既是旗人（指满族权贵），又是您的前任，左帅您纵使占理，与他作口舌之争，也难免吃亏；而与前任争论是非，舆论更会觉得您不够厚道。"但左宗棠却坚定地表示："事关军国，岂能退缩？"他横下一条心，绝不妥协退让，发誓定要剿除马化龙部，杜绝后患。

马化龙在金积堡经营多年，兵、粮、武器充足，清军仅仅拔除外围据点，就付出了相当大的代价；马化龙趁机派军向外围出击，牵制清军，一时间兰州震动。左宗棠压力倍增。更糟糕的是，清军前线主帅刘松山在战斗中被火炮击中，伤重而死，清军士气因此大受影响。消息传来，左宗棠也忍不住为爱将的死而落泪。

战斗进行到白热化的程度，除了军事较量以外，也变成了双方主帅意志力的比拼。这一年，左宗棠已年近六旬，他在给朋友们的信中这样描述自己："须发皆白，牙齿所剩无几，身体衰弱，多年前患上的疟（nüè）疾和痢（lì）疾不时发作。每天都受到外界的攻击，似乎自己一无是处。"很快，他又收到妻子病逝的噩耗，哀痛成了心头挥之不去的阴霾（mái）。然而，纵使困苦至此，在平叛这个底线上，左宗棠也不愿后退半步。他咬紧牙关，努力振作，开始重新部署平叛策略。其中最紧要的，就是尽快确定新的主将人选。左宗棠经过考察，选定了刘松山的侄子、年仅二十六岁的刘锦棠。刘锦棠虽然年轻，但此前在刘松山帐下担任营务总理，熟悉军情，又因为叔父之死而誓要复仇，所以作战非常勇猛。

左宗棠一面收缩兵力，避免将战线拉得过长，一面增调援军，强化清军外围据点的防守。马化龙想要故技重施，再次出击外线，搞围魏救赵，但几次都因清军防守坚固而未能得手，叛军士气开始下降。左宗棠则趁机缩小包围圈，稳步向中央推进，并动用从普鲁士购买的新式火炮轰击金积堡。最终，马化龙无计可施，只得向左宗棠缴械投降。

到同治十二年（1873年），陕甘两省的叛乱终于被完全平定。

# 三

在指挥军事行动的同时，左宗棠也没有忽略建设陕甘的大计。他首要的任务就是安顿经历战乱的陕甘百姓。为此，左宗棠大力清理和编制户口，将流散逃亡的百姓重新聚集起来，纳入政府管理；在此基础上，向流民和贫苦农民发放种子、农具，减免赋税，鼓励他们开垦荒地、恢复生产。

为防止回、汉矛盾再度激化，左宗棠严厉打击挑拨回、汉关系的不法分子，严禁部下对回民采取粗暴"同化"的政策，尊重回民的宗教信仰、生活习惯。他的这种做法颇得回民好感，甚至有回民尊称他为"左阿訇（hōng）"，编了一个歇后语"左宫保的章程——一劈两半"，以形容他在回汉关系上不偏不倚的公正态度。

恢复秩序仅仅是建设陕甘的第一步，更重要的是社会发展。左宗棠主要从两个方面着手：一是开办新式工厂。左宗棠不仅开设了制造军用器械的西安制造局、兰州制造局，还根据这里动物皮毛资源丰富的特点，从德国进口全套设备，开设了兰州机器织呢局，这是中国第一家机器毛纺厂，为闭塞落后的西北带来了一股清新之风。二是进行基础设施建设。西北交通不便，左宗棠在任内动用军队和民夫，大力修桥筑路，改善运输条件。

除此之外，左宗棠还特别重视植树造林。这天，左宗棠特意派了一名信使，让他把自己的一名得力部将——张曜（yào）找来，说要给他一项重要任务。张曜接到消息后，以为要打大仗了，立即骑上骏马，向左宗棠的大营飞奔而来。

一进大营，行礼完毕，张曜就迫不及待地开口问道："左帅，这次您是想要让我进攻哪个方向的敌人啊？我和手下的将士们已经养精蓄（xù）锐三个月，早就跃跃欲试了呢！"左宗棠见他如此急切，忍不住轻笑道："这次找你来，确实是要交给你一项非同小可的任务。不过，并不是打仗。"张曜有些疑惑，问道："那还能是什么重要任务？屯田吗？"左宗棠摇了摇头道："屯田的任务本帅已经交给刘锦棠、刘典他们了。"张曜更疑惑了，"那末将实在猜不出还有什么重要任务可做了，还望大帅明示。"

左宗棠也不再卖关子，直截了当地说道："这任务就两个字——种树！"张曜掩饰不住自己的惊讶和疑惑："种树？让部队专门去种树？左帅，末将实在不理解其中的奥妙啊！"

左宗棠看出了张曜的疑惑，心平气和地问道："你来西北也有两三年了，觉得这里的环境如何呀？"张曜坦率地答道："这里干燥荒凉，沙漠戈（gē）壁众多，草木稀少，一刮风就尘土飞扬，吃饭时碗里、嘴里都会进沙子！有时部队在烈日下行军，连个遮挡休息的地方都没有，将士们的皮肤都被晒伤了。这环境着实称得上恶劣。"左宗棠点点头，"正是如此！西北环境恶劣，不仅影响我们行军作战，当地百姓的生计也因为恶劣环境而受到严重影响，农作物产量低下，温饱都成问题啊！"张曜点点头，"是啊，这里的百姓生活实在困苦，终年辛劳却难得温饱。"说到这里，他似乎明白了些什么，赶紧询问左宗棠："莫非左帅让我去种树，是为了改善这里的环境？"

左宗棠捻须笑道："正是如此！你可不要小看了种树啊，种树的好处可多着呢。"他开始一条条分析，"这第一嘛，在道路两旁种树，能够有效地保护路面，避免道路被沙土掩埋。等这些行道树长大了，还可以为道路上来往的行人、商旅，以及行军的将士提供遮挡烈日的荫（yìn）凉。道路条件改善了，经济就能得到更好的发展，百姓的生活就有所改善啦！"张曜连连点头，"是这个理儿！"

左宗棠继续分析道："这第二嘛，在农田周围种树，既可以防风固沙，也能改善周围的土壤，提高农作物的产量。农作物增产了，百姓的温饱就有了希望，咱们军队的口粮也就有保障了。

"这第三嘛，西北地区严重缺水，可是不管百姓还是咱们的将士，离了水都寸步难行。在绿洲和沙漠的边缘种树，可以避免绿洲被沙漠吞噬（shì），有效地保护珍贵的水源。"

听了左宗棠的分析，张曜感到无比的钦佩，"左帅，听了您的这番话，末将已经彻底明白种树的重要意义了！您将这样重要的任务交给末将，我一定尽心尽力地去完成！"

左宗棠笑道："本帅自然相信你会尽心办事。只是，种树可不像你想象得那么简单，也是有些门道的！我来问你，在西北种树，什么树最合适啊？"张曜一下被问蒙了，"末将还真没考虑过这个问题。"左宗棠正色道："树种的选择可是很重要的！西北缺水，昼夜温差大，所以必然要选用耐旱、耐寒且生长快、适应性强的树种。符合这些要求的，主要就是柳树、杨树和榆树三种。"张曜赶紧记下来。

左宗棠又叮嘱道："种树固然不容易，养树同样要重视起来呀，可不能种下去就不管了。本帅以后每年都要对你们栽种的树木进行检查，若是发现有不合格的树木，定要追究责任！此外，要贴出告示，对于任何胆敢毁坏林木者，绝不姑息！"

张曜郑重地向左宗棠承诺："请左帅放心，我一定会尽全力去完成您交给我的这项重要任务，好好植树造林，改善西北的环境！"

几年后，左宗棠的老部下杨昌濬奉命到西北来协助左宗棠。一路上，他惊讶地发现，杨树、柳树已经郁郁葱葱、绿如帷幄，俨然是在戈壁大漠上开辟了一条绿色通道。其中，从泾（jīng）州到玉门关的道路两旁，新栽的柳树尤其繁盛，当地的人们都亲切地将其称为"左公柳"。杨昌濬对此感慨不已，挥笔写下了"新栽杨柳三千里，引得春风度玉关"的诗句。这既是对西北地区生态环境改善的真实写照，也是对左宗棠为当地生态建设做出的贡献的由衷赞颂。

读故事 学知识

## 围魏救赵

指以突袭敌军后方迫使其从主场撤退的战术。

出自《史记·孙子吴起列传》，战国时魏国大将庞涓率兵围攻赵国都城邯郸，赵国向盟友齐国求救。齐威王命大将田忌率兵救赵。田忌本想直接率兵与庞涓的主力军交战，这时，军师孙膑建议，应该趁魏都大梁空虚，引兵攻袭，这样，既可救赵国又可痛击魏军。田忌依孙膑之计，果然，庞涓中计，急忙回师大梁，赵国之围遂解。

## 新栽杨柳三千里，
## 引得春风度玉关。

出自清代杨昌濬的《恭诵左公西行甘棠·其二》："大将筹边尚未还，湖湘子弟满天山。新栽杨柳三千里，引得春风度玉关。"

第十章

海塞并重

一

从汉代一直到清代中晚期，包括新疆天山南北在内的广大地区被统称为"西域"。自从西汉设置西域都护开始，新疆地区就正式成为中国版图的一部分。清朝建立以后，通过平定准噶尔部叛乱、粉碎大小和卓势力，统一了天山南北。清朝廷设置伊犁将军，统管新疆事务，各地则由当地"伯克"（即维吾尔族领主）处理本族事务。

19世纪上半叶开始，随着沙俄、英国等侵略者向中亚渗透，一些怀有野心的"伯克"，为了一己私利而投靠侵略者，掀起多次武装叛乱。中亚的浩罕政权原本臣服于清朝，此时见到有机可乘，便派将领阿古柏入侵新疆。

阿古柏是一个十足的野心家和战争贩子。他首先强占了喀什噶尔城，随即又逐步占领了整个南疆地区。到同治九年（1870年）秋，阿古柏又攻陷北疆重镇吐鲁番。沙俄窥见清政府在新疆的力量如此薄弱，便趁火打劫，强占了原本作为将军驻地的重镇——伊犁。英国也不甘示弱，通过扶持和控制阿古柏政权，从新疆大肆掠夺资源和财富。

阿古柏对占领区实施野蛮、黑暗的统治，当地各族劳动人民饱受剥削，过着无比悲惨的生活。他们日夜盼望着清政府能够早日收复西域，将他们解救出苦海。

然而，此时的清政府虽有心收复新疆，却并没有付诸行动的能力。一来，陕甘叛乱尚未平定，西征的通道被堵塞；二来，经过几次对内对外战争，清廷的财政非常拮（jié）据，援疆军费很难筹措。

这种情况直到同治十二年末，左宗棠攻克肃州、打开入疆通道以后才有所改变。按照左宗棠的构想，入疆通道既然已经打通，那么他麾（huī）下的军队经过休整、补充后，理应迅速西出嘉峪关，开始收复新疆。但是，军费、粮草、器械的不足，又使他不得不慎重行事。而正在这时，东南沿海爆发了一场严重的危机，使西征的前景变得越发不明朗。

原来，同治十三年（1874年）三月，日本军队悍然入侵中国台湾，东南海防告急。经过交涉，清廷答应赔款五十万两白银，日军才同意撤出。被日本这个昔日的"朝贡"之国如此羞辱，清政府颜面扫地，朝野上下大为震动。总理衙门为此提出了强化海防的六条主张，要求各地方督抚逐条详细讨论，将各自的意见回奏朝廷。

各位督抚接到谕旨后，对于总理衙门强化海防的主张都没有异议，但对于具体应该如何筹措海防经费，却出现了明显的分歧。以直隶总督李鸿章为首的大部分督抚认为，海防开支巨大，必须依靠抽取海关关税和各省厘金来支撑。可问题是，这部分资金也正是清廷本打算用于收复新疆的军费来源。在李鸿章看来，海防比西北塞防更重要，何况收复新疆困难太大，很可能白费力气。所以他坚持主张，应该暂时停止西征计划，对阿古柏进行安抚怀柔，将西征饷银直接用来充作海防费用。李鸿章权势煊（xuān）赫，许多督抚和中央官员都附和他的主张。一时间，放弃新疆的呼声甚嚣尘上。

虽然湖南巡抚王文韶等少数督抚坚持认为塞防很重要，不应放弃，但其声量终究不够，很快被淹没在"放弃新疆"的叫嚷声中。新疆的命运已经到了风雨飘摇的时刻。

在这种形势下，朝廷内外的不少有识之士，纷纷把目光投向了刚刚平定陕甘叛乱的左宗棠，希望他能够站出来挽救危局。

# 二

　　光绪元年（1875 年）三月，左宗棠的亲信幕僚饶应祺结束了探亲假期，刚回到兰州，就接到左宗棠的传唤，要他到陕甘总督府议事。饶应祺迅速赶到总督府，左宗棠略作寒暄便直入主题："朝堂上海防、塞防之争，子维（饶应祺的字）想必已经有所耳闻了吧？"饶应祺已经有了心理准备，拱手答道："那是自然。"

　　左宗棠略一点头，继续追问："既然如此，子维如何看待两方的观点？"饶应祺稍作思索，谨慎地回答道："在下自知见识浅陋，但既蒙左帅询问，则姑妄言之。在下以为，海防、塞防两派，虽然策略有所分歧，但论其本意，都是出于为国防谋划的忠诚，并未掺杂个人私心。以眼下我朝的国力、财力，想要兼顾海防与塞防，确实困难颇多，而要舍弃其中任何一边，也都必然会损害国防之整体。"

　　左宗棠听出了饶应祺想要"一碗水端平"的谨慎用意，不禁轻轻摇头，开口道："子维所言，自然在理。当今国防大事，东则海防，西则塞防，二者并重，不应放弃任何一端。不过，'并重'可不是平均用力那么简单啊，总要有个缓急之分。若依李鸿章大人的意见，海防显然比塞防重要得多，为了筹措海防的经费，便可以放弃新疆。然而，眼下海防的急切程度，当真到了非'拆西墙补东墙'不可的地步吗？我倒是觉得，短期内外敌自海上来犯的可能性并不大。与之相比，西域的局势就复杂险恶得多了。阿古柏占据天山南北，凶悍狡猾；俄国人强占伊犁，不肯归还；英国人渗透南疆，大肆掠夺；嘉峪关以外，我们所能掌控的土地已经寥（liáo）寥无几。若再不尽快进兵，则新疆陷落，恐怕只在旦夕之间。东南与西北的局势，孰急孰缓，难道不是一目了然吗？"饶应祺深深点头，回应道："显然是西北的局势更为危急。"

　　左宗棠饮一口茶，润润嗓子，继续说道："子维你以前也曾在李鸿章大人手下做事，应该晓得他熟悉洋务、热心海防。其实我又何尝不是对海防事业倾注了许多心血？福州船政局，就是由我初创的，多年来我所心心念念的，正是通过自主造船而练成一支属于我们自己的新式海军。然而，造船练兵岂是一蹴

（cù）而就之事？朝廷平日里对于海防已有拨款，如今加以重视，增加经费是自然之理，我也赞同。但李大人他们，试图一步到位，将未来数十年的海防经费一下子都准备好，这就没有太大的必要了。且不说如此巨量的资金根本不可能在短期内筹得，即使能筹到，编练海军少说也需要十到二十年时间啊。所以说，海防经费的筹措，关键在于稳定持久，而不是'一步到位'。"

不等饶应祺答话，左宗棠径直说了下去："反观西北军费，情形就完全不同。一来，西征军数万人马每天所需的粮食、饷银，数目有多庞大，子维你想必十分清楚。而朝廷给予的拨款，根本不够用，说是'粮饷奇缺'，一点儿也不夸张。在这种情况下，一旦朝廷停止发饷，且不说收复西域顿成泡影，单论将士离心、军队哗变的风险，也是我们万万承受不起的啊！二来，造船练兵乃是长期之事，即使将本就捉襟见肘的西征军费，全都拿来充作海防费用，又能支持多久？更何况，我军退一寸，敌军就敢进一尺，哪怕我军退守嘉峪关，阿古柏、俄国人、英国人的狼子野心会就此收敛吗？到那时，敌军兵临关下，虎视眈（dān）眈，西北还不是要驻重兵守卫？这些军队不也一样需要粮饷吗？这笔费用不还是需要继续筹措吗？难道还能连陕西、甘肃两省一并放弃不成？"

看到左宗棠越说越激动，眼前的茶杯已然见底，饶应祺一边示意侍从续上新茶，一边用和缓的语调回应道："左帅所言，句句在理，下官受益匪浅。确实没有为了海防而舍弃西域的道理。"左宗棠"嗯"了一声，啜（chuò）口新茶，感叹道："李鸿章大人的主意，就好比'扶了东墙倒了西墙'，对海防未必有益，对塞防则大有妨碍。到头来，海防、塞防恐怕都难以保全啊。"

饶应祺想到自己身边也有不少支持该观点的人，不无忧心地接话道："下官跟随左帅征战西北数年，对左帅的金石之言，自然能够有所体认。只是世人多不曾亲自来过西北，不懂得西域的重要性，又忌惮洋人，于是一味跟风鼓噪，造成'西域可弃''战则必败'的舆论，甚至许多廷臣、督抚，如今也抱持这种立场。"

左宗棠"哼"了一声，重重地拍了下桌案，激动地说道："井底之蛙，偏能摇唇鼓舌！说什么西域'万里穷荒，何益于事'，殊不知天山南北物产丰盈，瓜果累累，牛羊遍野，牧马成群，金、银、煤、铁、玉石的蕴藏都极为丰富。世俗之人所谓的'千里荒漠'，实际上是个聚宝盆。如此丰饶的国土，岂能白白放弃，而让敌人利用其物产反过来对付我朝！想当年，高宗皇帝（指乾隆）历经苦战，终于平定新疆，这才使嘉峪关内外一百多年来没有烽燧之警，百姓能安稳度日。如今一仗未打，便要轻易放弃祖宗千辛万苦开辟的疆土，这是何等的荒谬悖（bèi）逆！再说，阿古柏残酷地压迫西域民众，各族百姓苦不堪言，日夜期盼着朝廷的军队能够将他们从苦难中解救出来。我们难道能假装听不到他们的哀号，眼看着他们在水深火热中挣扎而无动于衷吗？"

左宗棠越说越激动，索性站起身，边走边说："现在有些人，畏敌如虎，说什么'出兵必败'。殊不知，俄国人、英国人如同群狼环伺，欺软怕硬。只要我们稍一示弱，他们立刻便会扑上来撕咬我们的血肉；想保自身安全，只能紧握拳头、拿起武器，奋勇还击，他们眼见占不到便宜，才会悻（xìng）悻而退。"说到这里，他走到案前，将杯中茶水一饮而尽，提高声量道："林宫保（林则徐）诗云：'苟利国家生死以，岂因祸福避趋之？'朝堂上的衮（gǔn）衮诸公，爱惜自身，瞻（zhān）前顾后，不愿或不敢亲赴沙场。老夫虽年逾六旬，可哪里敢自惜残生，置身事外？收复西域的重担，就由老夫来承担吧！"饶应祺听到这番发自肺腑的慷慨壮语，也不禁动情，起身拱手道：

"左帅的豪壮之气真是不减当年！下官不才，定当追随左帅，效鞍前马后之劳，为收复西域尽自己的一分力！"

当晚，左宗棠就将自己对海防、塞防问题的意见，整理成了一份五千多字的奏折，着重论述了收复新疆的必要性，表达了自己愿意挂帅西征的决心。

奏折送到军机处，当时主事的军机大臣文祥对左宗棠的意见深表赞同。在接下来的廷议中，文祥以左宗棠奏折中的观点为基础，极力陈述收复新疆的重要性，终于促使清廷下定了收复新疆的决心。当年三月底，清廷发出"六百里加急"谕旨，任命左宗棠为"钦差大臣，督办新疆军务"，授予他筹兵、筹饷、指挥西征的全权。

不久后，清廷又发出谕旨，为历时一年的海防、塞防之争做了总结：一方面，朝廷肯定了海防的重要性，责成李鸿章、沈葆桢分别督办北洋、南洋海防事宜；另一方面，朝廷也强调了塞防的必要性和紧急性，委派左宗棠"通盘筹划，以固塞防"，并以收复新疆为首要目标。这实际上正是采纳了左宗棠"海塞并重"的整体国防方针。

读 故 事　学 知 识

## 厘金

清代的一种商业税，始定税率为 1 厘（1%），即值百抽一，故名。后全国推行，征税对象逐渐扩大，税率也日益增加。

## 一蹴而就

指事情很简单，一下就能成功。

出自宋代苏洵的《上田枢密书》："天下之学者，孰不欲一蹴而造圣人之域。"意思是天下读书人，谁不想一下子就达到圣人的境界呢。

## 衮衮诸公

衮衮，形容连续不断，众多。衮衮诸公，指身居高位却庸碌无为的官僚政客。

出自唐代杜甫的《醉时歌》："诸公衮衮登台省，广文先生官独冷。"

第十一章

筹谋西征

———

光绪元年春夏之交，左宗棠在兰州紧锣密鼓地进行着西征筹备工作。摆在他面前的难题简直数不胜数，而其中最紧要、最令人头疼的问题，就是军饷和军粮的严重匮乏。

当时，西征军一年的军费支出需要八百多万两白银，而朝廷的拨款每年只有三百万两，军费缺口高达三分之二。尽管左宗棠采用了争取协饷、筹借商款等种种手段，仍然无法填补巨大的军饷窟窿。万般无奈之下，他只得考虑向洋人借外债来补充军费。

饶应祺等幕僚提醒他："洋人向来贪婪狡猾，如今他们又知道大帅您急于用兵，必然坐地起价，利息不够高他们是绝不肯放债给我们的。况且举借外债是非常敏感的事情，极容易招致各界的攻击和质疑，您一定要慎重对待此事啊！"

果然，左宗棠要借外债的消息一传出去，就引起了各方的强烈质疑，连一向大力支持左宗棠的沈葆桢也从福建寄信过来，反对左宗棠"举借外债"的做法。李鸿章属下那些原"海防派"官员，更是趁机在影响力很大的《申报》上发表评论，称左宗棠此举实属鼠目寸光、愚蠢至极。

面对这些反对和批评的声音，左宗棠并没有费力地进行自我辩解或者予以回击，而是选择默默承受。有朋友很不理解他的沉默，连连追问，左宗棠这才说出了自己的苦衷："我素来反感洋人的讹（é）诈之举，如今为用兵新疆而不得不借洋款，仰外人鼻息，这是何其无耻，何其屈辱啊！不需要他人攻击谩（màn）骂，我自己早已感到无地自容了！然而收复西域事大，个人荣辱事小，为了完成收复大业，我怎能不舍弃小节，咬牙忍耐呢？况且，世人对我的质疑和攻击，都饱含着对国家前途的忧虑、对外敌的警惕，我怎么能责怪和怨恨他们呢？我现在只盼着西征大军早日告捷，成就复疆全功！其他的事都可以置之度外！"

朋友听了这番情真意切的自白，由衷地感叹道："苟利国家生死以，岂因祸福趋避之。季高你是真的践行了林则徐大人的这句名言啊！"

为了尽可能地降低借款利息，尽快得到放款，左宗棠与英国人进行了多方周旋和艰苦谈判，最终在不附带政治条件、不损害国家主权的情况下，从英国银行得到借款白银一千三百多万两，总算是解了西征军饷的燃眉之急。

军饷虽然有了，但要将银两转化为士兵口中的粮食同样困难重重。按照一般的道理，军队就地向百姓筹购粮食，可以节省转运的成本和时间，是最为经济高效的做法。可是陕西、甘肃一带本来就土地贫瘠，粮食产量不高，过去数十年间又战火不断，粮食生产遭到了极大破坏，百姓手中根本没有多少粮食可供出售。为了破解这一难题，左宗棠主要采取了两种办法：

一是大力组织军队屯田。比如他让张曜率领的嵩（sōng）武军，在哈密等地积极兴修水利、开垦荒地，种出粮食来自给（jǐ）自足。仅光绪二年（1876 年）一年，哈密就收获粮食五千一百六十余石，基本上可以解决张曜部半年军粮所需。

二是开辟新的购粮渠道。左宗棠专门派官员到归化（今内蒙古呼和浩特）、包头、宁夏一带采购粮食，最远采购范围甚至到达今蒙古国的城市。由于这些地方距离新疆比甘肃远，左宗棠就让驼队把粮食先运输到新疆巴里坤，然后再转运到各驻军地点，综合算下来，运费比从甘肃运还要低。通过这个办法，仅用两个月，左宗棠就从上述这些地方采购了四十多万斤军粮并转运到巴里坤。

　　经过一段时间的努力，西征军的粮荒得到了一定程度的缓解。但是军粮仍然存在相当大的缺口，左宗棠不得不继续为筹粮而绞尽脑汁。

# 二

　　正在此时，一支由俄军总参谋部上尉索思诺福斯齐领导的俄国考察团来到了兰州。这支考察团是以通商为目的而出使中国的。可实际上，他们的任务还包括刺探西征军的情报，从而帮助俄国统治者判断中国能否成功击败阿古柏。

　　对于俄国使团的真实动机，清廷及左宗棠等人当然并非一无所知。在使团到达兰州前，左宗棠就嘱咐沿途负责接待的官员，要对使团成员的行动加以密切关注，保持警惕和防范。

　　可是，当索思诺福斯齐一行到达兰州后，他们却发现左宗棠的态度颇为热情。这位总督大人不仅主动提出让他们住在陕甘总督官署内，还频繁地设宴款待，热情地与他们谈天说地，对他们在城内的行动也完全不加以限制。索思诺福斯齐一面对左宗棠的热情接待表示感谢，一面顺势让使团成员在兰州城内广泛"考察"。很快，使团成员们便在兰州的军营、城墙、兵工厂等处留下了"闲逛"的身影，甚至偷偷拍摄了清军进行军事操练的照片。

饶应祺对于左宗棠前后态度的变化不大理解，又担心军事情报泄露，就找到左宗棠询问："左帅您先前曾指示各地官员务必警惕和防范俄国使团，可如今他们到了兰州，您却对他们如此优容礼遇，任凭他们自由活动，难道就不怕俄国人乘机窥探我们的虚实，做出对我朝不利的事情吗？"左宗棠捻须道："俄国本就是与我朝匹敌之国，这个使团既然是奉沙皇之命而来，我们需要与俄国人交涉的事情又很繁多，那本帅自当好好款待，以示不忘礼待宾客之道嘛。"饶应祺听了这番话，脸上依旧写满了疑惑。左宗棠见状，又笑道："子维莫急，稍后你便知道本帅的用意何在了。"

两天后，左宗棠又一次隆重地宴请俄国使团。在宴会上，他主动与索思诺福斯齐谈论起军队的新式装备，不无得意地宣称："我朝现今也能制造新式后膛枪炮了，质量完全不输给贵国！"索思诺福斯齐当然不相信这话，只是报以礼貌性的微笑。左宗棠见状，索性邀请索思诺福斯齐上尉去参观他的兰州兵工厂。索思诺福斯齐原本正发愁没办法进入兵工厂内部探察，没想到今天这机会竟主动送上门来，自然高兴地接受了邀请。

第二天，使团成员们就来到了兰州制造局，仔细地参观了制造局的铸炮车间和制枪车间。索思诺福斯齐惊讶地发现：这里的设备出乎意料的先进，使用了最新款的蒸汽机、机床，但是车间里没有一个外国人，全是中国工匠在操作。兵工厂的技术员操作十分熟练，谈起新武器的性能和原理如数家珍。车间负责人将四支装有来福枪管的后膛枪拿来给使团作展示，使团成员们一致认定：这些步枪的组装非常精细，规格繁多，堪称杰作。

为了检验新武器的射击效果，总管还将他们带到了操练场。只见士兵们熟练而整齐地持枪进行列队射击，没有丝毫恐惧。新式大炮的炮弹全都能顺利地发射出去，威力不错，炮身也并未发生爆炸。眼见为实，索思诺福斯齐不得不承认，西征军在装备方面确实较为先进，训练也比较得当，其战斗力不容小觑（qù），阿古柏的军队恐怕难以匹敌。

不过，索思诺福斯齐在兰州期间也发现，左宗棠的军队似乎很缺乏粮食，正在到处采购军粮。考察团本身也肩负有考察商道、促成通商的任务，因此索思诺福斯齐萌发了向左宗棠推销俄国粮食的念头。第二天，他在宴会上尝试着向左宗棠提出了这一设想。没想到，左宗棠并未表现出特别惊讶的神情，而是开始认真地与他商讨起购粮的价格、转运路线、交付地点等细节。等这些细节基本敲定后，左宗棠立即拟定了一份正式的购粮合同，明确了双方各自的权利与义务，要求索思诺福斯齐与他共同签约。索思诺福斯齐心中不禁有些动摇，"难道此事本就在左宗棠的预料之中？"不过，左宗棠开出的购粮价格对于俄方来说是足够"慷慨"的，让他很难拒绝。签约完成后，左宗棠便催促使团尽快动身回国，以便履行这份购粮合约。

索思诺福斯齐离开兰州后，饶应祺才大致明白了左宗棠的"计谋"，询问道："左帅您故意放任俄人四处打探情报，又主动邀请其参观兵工厂，想必是为了向俄方展示我国收复西域的决心与实力吧？这样一来，俄方看到我军足以击败阿古柏的军队，便有了忌惮，就不会强硬地支持阿古柏，甚至用武力阻挠我军进兵了。"左宗棠哈哈一笑，点头道："子维猜得不错。我早就得到情报说，阿古柏其实与英国人走得更近，俄国人出于与英国人竞争的需要，本来就不会全力支持阿古柏。所以眼下我们需要妥善处理与俄国的关系，使其尽可能在我朝和阿古柏之间将支持的天平倾斜于我方，这样对于我们用兵收复新疆才是有利的。"

饶应祺佩服地拱手道："左帅真是深思熟虑啊！不过，既然要展示我方的决心与实力，为何又毫不遮掩我军粮食短缺的事实，反而要向俄方购粮呢？难道索思诺福斯齐会提出向我方售粮这件事，也是您一开始就预料到的？"左宗棠轻轻摇头，笑道："本帅哪里有这等未卜（bǔ）先知的本事？不过是因势利导罢了。索思诺福斯齐来华多日，我军缺粮之事，想向他隐瞒是很难的。与其遮掩，不如以实相告。此前我派人到北路购粮时就发现，俄国商人对售粮颇为积极。既然如此，与其向俄商零散购粮，不如订立合约，直接向其官方购粮。而恰好索氏也有通商之打算，自然一拍即合。至于价格，虽然略高于国内，但转运费用低，折算下来仍很划得来。"饶应祺恍然大悟，又补充道："且俄国人与我方有了粮食贸易的往来，他们为了继续谋利，天平必然更向我方倾斜，其支持阿古柏的动力便又减去一分。"左宗棠点头笑道："正是如此。"

索思诺福斯齐回国后，基本履行了与左宗棠订立的粮食合同，累计运送四百八十余万斤粮食到新疆古城，大大缓解了西征军粮食紧缺的状况，也使得当地因缺粮而浮动的人心和军心稳定了下来。

# 三

在军饷、军粮问题大致得到解决后，左宗棠将工作重心转向了整军备战。

第一步是确定西征军主将的人选。他选中的是表现出色的年轻将领刘锦棠。朝廷有些人觉得刘锦棠过于年轻，恐怕难以承担如此重任。左宗棠对这种浅薄之见不以为然，反驳说："刘锦棠智勇兼备，既有一往无前的锐气，又有缜密细致的谋略，还擅长统御部众，深得部下的尊敬和信赖。他在甘肃立下的赫赫战功，是世人有目共睹的。自古英雄出少年，怎么能以年龄、资历而埋没人才呢？"在他的鼎力推荐下，三十三岁的刘锦棠被朝廷正式任命为西征军的主将。

第二步是充实军备、强化训练。左宗棠通过购置、仿制等办法，获取了大量新式武器，包括前装野战炮、普鲁士后膛炮、新式连发枪、来福枪等，从而为各军都配备了充足的火力。在此基础上，每一支部队都要至少提前训练半年，以熟悉各种常用战术和战斗技巧。

1879 年 4 月，匈牙利旅行家贝拉·赛切尼伯爵来到西北，受到左宗棠的热情接待，被邀请在兰州城内居留一段时间。赛切尼伯爵发现，左宗棠部队中的骑兵通常会携带一把刀和一支骑枪，而步兵的装备则是后装来福枪，士兵能熟练地使用自己的武器，整支部队训练良好，军容整肃，与他在其他地方见到的清军面貌迥（jiǒng）然不同。英国人包罗杰也评论道："这支中国军队完全不同于所有以前在中亚的中国军队，它基本上近似一个欧洲强国的军队。"

第三步是搜集敌情、制定方略。左宗棠一方面多次派人亲赴天山南北，以察探阿古柏在新疆的动静，收集相关的军事、地理情报，并收容从关外逃入甘肃的各族人士，向他们了解阿古柏政权内部的实际情形；另一方面则委托在上海的胡光墉密切关注西方列强的动向，尤其要注意搜集英、俄两国的情报。以此为依据，左宗棠在陕甘总督府召集心腹幕僚和将领，专门商议收复新疆的策略。

会议一开始，左宗棠就指着张挂在堂前的新疆舆图，向众人分析了当时新疆的局势："眼下，嘉峪关以西，只有天山以东的哈密、巴里坤等据点尚掌握在我军手中，其余区域都受到阿古柏军的控制。在天山以北，阿古柏的部将马人得、白彦虎等控制着北疆重镇乌鲁木齐以及周边的重要据点；在天山以南，阿古柏亲自坐镇喀什噶尔，统治着南疆八城。南疆和北疆之间有天山通道，通道的枢纽就在吐鲁番。若是把阿古柏军比作一条蛇的话，那么乌鲁木齐的敌军就是蛇头，吐鲁番就是蛇腰，喀什噶尔则是蛇尾。这条蛇，正对着北疆的我军吐出蛇信子呢！你们说，要消灭这条蛇，应该先打哪里？"

向来心直口快的勇将董福祥率先发言："俗话说得好，'打蛇打七寸'。既然敌军依靠吐鲁番沟通南北，那我们就应该首先拿下吐鲁番，让他们首尾不能相顾！"

张曜也站起来补充道："我军在哈密已经进行了长时间的屯田和训练，补给充足，士气旺盛，从哈密出击吐鲁番，取胜的把握是很大的！"

董福祥和张曜的发言获得了多数在场将领的赞同，大家都觉得，先打吐鲁番是个不错的主意。但是主将刘锦棠却提出了自己的疑虑："白彦虎本来就是我们的手下败将，很忌惮我们的实力。一旦我们打下吐鲁番，阿古柏的援军就派不过来了，白彦虎多半会选择逃跑。那时再想消灭他，就更不容易了。"

有些将领不以为然，"跑就跑呗，难道我们还怕他这个手下败将不成？"众人于是七嘴八舌地争辩起来。

左宗棠摆了摆手，示意众人安静下来。他从容地开口说道："董、张两位将军的意见有可取之处，刘将军的顾虑也有道理。不过，本帅有个问题想问你们：收复新疆，追求的到底是一时的胜利，还是为西域未来的长治久安打下基础呢？"

诸将想了想，纷纷答道："那自然是要追求长治久安。"

左宗棠满意地点头道："既然如此，那我们的目标就不该仅仅是收复失地，更要彻底消灭敌人的有生力量，不给他们东山再起的机会。"众将听了，纷纷点头称是。

左宗棠环视一圈，继续开口道："毫无疑问，阿古柏的统治核心是南疆喀什噶尔一带，在北疆的统治相对较为薄弱。秉持'先易后难'的原则，我们自然要先收复北疆，然后以此为基地，经过天山通道进取南疆。否则的话，我们就只能从东向西穿越千里沙漠进入南疆，那对我军就太不利了。然而，尽管北疆相对好打，我们要想减少日后进军南疆的阻力，仍然必须尽可能多地在北疆消灭敌军的主力部队。换句话说，我们要诱使阿古柏多派援军到北疆来，好加以消灭。怎样才能做到这一点呢？显然留着吐鲁番给他们做通道更好些，这样，白彦虎他们就不会轻易逃窜，我们也能最大限度地削弱阿古柏原本在南疆的力量。"

众将听了左宗棠的话，不由得赞叹道："大帅的计谋真是妙啊！"不过，董福祥又提出一个疑问："那吐鲁番什么时候打比较合适呢？总不能一直给敌军留着吧？"

左宗棠笑道："那自然是不可能了！一旦我军收复北疆，并做好进军南疆的准备后，就应该迅速向吐鲁番、托克逊发动进攻，夺取这条天山通道的控制权。新疆夏季气候极端炎热，冬季又常常大雪封山，均不适于作战，所以我们的行动必须考虑到自然条件的制约，抓住宝贵的时机。这就要求我们，推进时务必谨慎，不能急躁冒进；而一旦抓住战机，就必须迅速地解决战斗，消灭敌人！"

饶应祺听了左宗棠的分析，替他总结道："大帅您的方略，我觉得可以用八个字概括，那就是'先北后南，缓进急战'！"

左宗棠赞许地点头道："饶师爷总结得好！'先北后南，缓进急战'，这就是我们收复新疆的整体方略！诸位将军在以后的作战中，一定要遵循这八字方略啊！"

众将异口同声地表示："谨遵大帅方略！"

光绪二年三月，左宗棠派刘锦棠率西征军主力出关。不久，他自己也率领亲军两千多人开抵肃州，在此设立大本营，就近指挥西征军。驱逐侵略者、收复新疆的正义之战，就此拉开帷幕。

读故事 学知识

## 如数家珍

意思是对所讲的事情十分熟悉，就像点数自己家里的珍宝一样。

出自民国小横香室主人的《清朝野史大观·郭生始创戏院》："吴县王鹤琴先生耆年硕德，与谈吴中掌故，则掀髯抵掌，如数家珍。"

## 未卜先知

指没有经过占卜就能事先知道。后来成语比喻对事情有预见性。卜，古人灼烧龟甲或牛骨，根据上面的裂纹预测吉凶。

出自元代无名氏的《桃花女》第三折："卖弄杀《周易》阴阳谁似你，还有个未卜先知意。"

# 第十二章

# 先北后南

一

光绪二年闰五月，西征军主将刘锦棠抵达了北疆前线。

当时，阿古柏令马人得统管北疆地区的军队，又派白彦虎驻兵于乌鲁木齐，马明驻兵于乌鲁木齐东北的古牧地。左宗棠认为：拿下北疆的关键在于攻克乌鲁木齐，而古牧地是乌鲁木齐的屏障，只有先夺取这一要害之地，才能直捣乌鲁木齐。因此，左宗棠命令刘锦棠：尽快进驻阜（fù）康县城，以便就近向古牧地发动进攻。

马人得听说清军主力西进阜康，便令白彦虎率部增援古牧地。当时，从阜康到古牧地有两条路：一条是大道，水源稀少，不适合大军安营扎寨；另一条则是狭窄小路，经过黄田，这里水源充沛（pèi）。白彦虎故意不在大路设防，而是派兵到黄田守护水源，企图引诱清军沿大道进攻。白彦虎得意地对部下吹嘘道："清军一看大路空虚，小路却有防备，必然贪图便利走大路，这样他们就得跨越五十里沙漠，势必陷入人马饥渴的逆境，到时候咱们给他来个以逸待劳，肯定能一举将他们消灭干净！"

刘锦棠经过侦察，识破了白彦虎的计谋。于是他将计就计，让部队在大道两侧大张旗鼓地掘井挖渠，摆出一副要从大道进军的态势。白彦虎以为清军已经中计，心中十分得意，防守便不自觉地松懈下来。刘锦棠抓住敌军麻痹（bì）大意的时机，趁夜从小道偷袭黄田。第二天黎明，清军赶到黄田，骑兵疾驰而下，突然发动了进攻，势如暴风骤雨，一时间呼喊声、枪炮声响彻山野。还在睡梦中的白彦虎的士兵们完全被打蒙了，丢盔弃甲，四处奔逃。清军一路追击到了古牧地，白彦虎军被迫退入城中坚守。

阿古柏闻讯，唯恐乌鲁木齐不保，赶紧派部将阿托爱率领数千骑兵来增援古牧地的守军。刘锦棠一面派出骑兵，前去阻截和迟滞这股援军，一面加紧攻城。在清军的顽强抵御下，阿托爱军不仅没占到一点儿便宜，反而遭到清军骑兵的迂回夹击，士气顿时就崩溃了。阿托爱抛下部众，独自狼狈地逃走了。一看援军被消灭，城中的守军顿时就泄了气。清军趁机用大炮轰塌了城南的城墙，将士们鱼贯而入，城内数千名敌军悉数被歼。

马人得听闻古牧地失守的消息，连夜向南逃跑，乌鲁木齐守军群龙无首，十分混乱。按照左宗棠战前的指示，刘锦棠立即乘胜进军，轻松攻克了乌鲁木齐。很快，北疆的其他据点陆续被清军收复，除伊犁外的北疆基本宣告平定。

二

　　阿古柏听闻左宗棠在北疆取得了重大胜利，非常恐慌。他赶紧派出两万多名士兵，与南逃的马人得、白彦虎等部会合，在达坂（bǎn）城、吐鲁番、托克逊一带构筑防线，企图依托天山关隘之险，阻挡西征军进入南疆。他也亲自赶到天山通道南侧的喀喇沙尔〔今新疆焉耆（qí）〕督战。

　　左宗棠经过对前线局势的分析，提出了"三路并进"的作战方案：北路的刘锦棠部由乌鲁木齐南下，直攻达坂城；东路的张曜部由哈密西进，东北路的徐占彪部出木垒河，越过天山南下，两部协力进攻吐鲁番，得手后立即乘胜进攻托克逊。

　　次年三月初，刘锦棠率麾下骑兵和部分步兵，一路疾驰，直趋达坂城。达坂城的守军为了迟滞清军前进的步伐，专门将城市周围的河水引入城外沼泽中，形成了大片的淤泥地带。清军骑兵不怕牺牲，一往无前，奋力克服泥淖（nào）的阻碍，仍

然按计划赶在拂晓之前占领了城外的山岗阵地，居高临下，迅速包围了达坂城。城内敌军天明后才发觉自己已经被重重围困，匆忙开火，清军将士则冒着弹雨发起猛烈的攻击。不久，敌军援兵赶到了城外山口，清军早有准备，步兵手持长矛正面迎战，骑兵则从两翼包抄，敌军大乱溃逃，连自家的后续援军都被溃兵冲乱，只得一并狂奔而逃。城中守军见外援断绝，企图突围，城中的百姓冒险出城，将这一情况报告给了清军。刘锦棠立即下令加强防范，夜间点起许多火炬，将城池四周照得亮如白昼，不给敌人逃走的机会。第二天，刘锦棠下令以重炮轰城，炮弹击中了城中弹药库，敌人无心恋战，城池就这样被西征军攻破了。

达坂城之战中，西征军俘获了大批俘虏。有些将士十分痛恨残害新疆百姓的阿古柏军，主张应严厉惩处这些俘虏，甚至统统杀掉。刘锦棠保持着冷静的头脑，遵循左宗棠的嘱咐，对俘虏实行宽厚的政策，公开宣布："凡是新疆平民，不论哪个民族，全部释放回家，并发给衣粮。其他俘虏，愿留者留，愿走者走。"在这一政策的感召下，阿古柏军的许多士兵都不再负隅（yú）顽抗，主动向清军投降。

当时，阿古柏的儿子海古拉负责防守托克逊。他一贯骄横又胆怯，听到达坂城失守的消息，十分惊慌。而城内守军早已丧失斗志，酝酿倒戈。海古拉害怕被杀或被抓，仓皇弃城而逃。清军乘胜进军，兵不血刃地收复了托克逊城。与此同时，张曜、徐占彪两部也按照左宗棠的部署，进抵吐鲁番城下。刘锦棠于是派出援军赶来会合，三军展开合攻。守将马人得见势不妙，只得缴械投降。至此，清军不仅打开了进入南疆的通道，还消灭了阿古柏派出的两万多军队，给予阿古柏毁灭性的打击。

左宗棠接到战报，兴奋地对幕僚们说："这真是西域用兵以来从未有过的胜利啊！"为了尽快安定人心、稳固局面，他迅速将提前选拔好的民事官员派往被收复的各城市，嘱咐他们尽快恢复生产、搞好各民族团结，让百姓们重新过上安定和平的生活。

三

　　与此同时，阿古柏集团内部已经乱成了一团。阿古柏在接二连三的惨败后，变得越发惶恐和多疑。没多久，就一命呜呼了。关于阿古柏暴毙的原因，左宗棠得到的消息是"服毒自杀"；英国《泰晤士报》说他是病死的；俄国人和一些阿古柏政权亲历者则声称，阿古柏是在与部下的斗殴（ōu）中受了重伤，不治而死。无论死因究竟为何，这个残暴的入侵者和独裁者终究结束了自己可耻的一生，他创立的伪政权也随着其死亡而分崩离析：海古拉以接班人自居，将军务交给部将艾克木汗，自己护送阿古柏的尸体前往喀什噶尔；不料他前脚刚一离开，艾克木汗就迫不及待地自立为大汗；海古拉的哥哥伯克胡里觊觎大汗之位，派人将海古拉杀死在路上；接着伯克胡里又与艾克木汗展开火并，艾克木汗战败，逃入了沙俄境内。

　　眼看阿古柏政权"树倒猢（hú）狲（sūn）散"，不少阿古柏政权将领和士兵纷纷向清军投诚。西征军的将领们见形势大好，纷纷向左宗棠请战，要求立即追击敌军、席卷南疆。不过，左宗棠依然保持着冷静和审慎的态度。他指示刘锦棠："现在西域正值酷热的夏季，气候条件恶劣，不便作战；况且此前我们积存的粮饷已近枯竭，转运也不顺利，所以不宜贸然进兵。应该等到秋凉时节，再兴兵攻克南疆八城为好。"

英国人向来将阿古柏视为他们在西域利益的代言人，予以大力扶持。眼见阿古柏暴毙，伯克胡里无能，清军即将进入南疆，英国当局唯恐丢掉自己在南疆的全部利益，便找到清朝驻英国公使郭嵩焘（tāo）"谈和"。他们异想天开地提出：由伯克胡里向清朝交出南疆东四城（喀喇沙尔、库车、阿克苏和乌什），作为交换条件，清朝政府允许伯克胡里保留西四城〔叶尔羌、英吉沙、和阗（tián）和喀什噶尔〕，作为一个政权继续存在。郭嵩焘被威妥玛等英国外交官的花言巧语打动，竟然向清廷上奏称："与其在无用之地冒着未必成功的风险花费钱粮、大动干戈，还不如干脆将西四城交予伯克胡里，这样既不失宽大之名，对方也必定感念我朝令其再生的恩德。"部分官员也随声附和，奏请停止进攻，将南疆"建为藩篱"。一时间，"停战议和"的呼声高涨起来。

　　左宗棠原本正忙里偷闲，在肃州大营外自己开辟的菜地里照料瓜果，从饶应祺口中听说这个消息，顿时火冒三丈，愤怒地用锄头戳地，连声感叹："我这位老朋友（指郭嵩焘）真是糊涂啊！喀什噶尔从汉代起就已经隶属中华，乃我固有的疆域。纵使阿古柏还活着，我们也不能任由其占据喀什噶尔，何况此贼现在已经自尽了呢！英国人现在混淆（xiáo）视听，妄图把喀什噶尔打扮成阿古柏政权的固有之地，用心何其险恶？我军如今在南疆作战，是收复我们的固有疆土，岂容他人说三道四、指手画脚？更何况，如今伯克胡里的覆灭只在旦夕之间，英国人不过是把所谓的谈和当成缓兵之计，来掩饰他们的外强中干。而这些官员，居然看不透这么明显的伎俩（liǎng），反要求我们放弃收复新疆全境的大好时机，真是鼠目寸光、愚蠢至极！"

　　左宗棠一面向清廷上奏，严词驳斥郭嵩焘等人的谬论，戳穿英国人"议和"背后的阴谋；一面指示刘锦棠：如果在进兵途中遇到英国人，不必理会他们的纠缠，直接将其送到肃州大营即可。在左宗棠的坚持下，清廷坚定了收复南疆的态度，英国人的"议和"阴谋最终没有得逞。

四

光绪三年（1877 年）七月中旬，天气转凉，秋高气爽，左宗棠意识到，收复南疆的时机已经到了。他果断下达命令：由刘锦棠率三十二营骑兵和步兵作为前锋，从托克逊出发，向西直捣喀喇沙尔。

此时喀喇沙尔一带的敌军首领，是刘锦棠曾经的手下败将——白彦虎。他根本不敢正面抵抗，而是派人掘开了开都河的堤坝，妄图用泛滥的河水阻挡西征军的步伐。西征军的将士们不惧艰险，或绕道而行，或架设浮桥渡水，终于在九月初攻占喀喇沙尔。随后，他们继续轻装疾进，迅速占领了阿古柏军以前的大本营——库尔勒。由于粮草运输被泛滥的河水阻隔，西征军面临着断粮的风险。好在将士们经过仔细搜寻，在城里的地窖中发现了敌军以前存储的数十万斤粮食，解决了吃饭的问题。

　　为了不给敌人留下喘息之机，刘锦棠选派精锐骑兵，继续对敌军展开猛烈的追击，终于在库车附近追上了白彦虎的军队。白彦虎不敢恋战，仓促逃入库车城。清军主力很快对库车城发动猛攻。白彦虎早已被吓破了胆，率领少数部队趁夜逃出城去，继续向西狂奔。刘锦棠一面安抚沿途被解救的数十万百姓，一面继续挥军追击白彦虎。接下来的一个月里，西征军穿越茫茫戈壁、跨过封冻的冰河，连克阿克苏、乌什等城，直到再也望不到敌军的踪影，才停下了追击的步伐。

　　左宗棠接到刘锦棠的捷报，非常高兴，连声称赞自己的爱将："毅斋（刘锦棠的字）一月之间驰骋三千里，收复东四城，真称得上是飞将军呀！"接着，他指示刘锦棠：稍加休整后，继续向西四城进军。为了安抚刚刚从阿古柏、白彦虎等匪徒魔爪中逃离出来的南疆百姓，左宗棠还特意指示部队将军中的粮食分出一部分，接济这些百姓，并协助他们修补房舍、恢复生产。这些举措受到了南疆百姓的热烈欢迎，社会秩序很快得以恢复。

　　眼见西进的清军势如破竹，叛军发生内讧（hòng），伯克胡里率军四处灭火，原清朝喀什噶尔守备何步云乘机反正，占领了喀什噶尔。伯克胡里慌忙回救老巢，何步云派人向刘锦棠求援。刘锦棠立即命令提督余虎恩率军从阿克苏向西直捣喀什噶尔；提督黄万鹏率军迂回到喀什噶尔以西发动奇袭。十一月十三日，两部按照预定计划，同时抵达了喀什噶尔，从东、西两个方向发起进攻，当晚便一举收复了该城。喀什噶尔这座新疆历史名城，终于重新回到了祖国的怀抱。伯克胡里、白彦虎率领残部狼狈逃入俄国控制区内。到十一月二十九日，西征军收复了叛军在南疆的最后一个据点——和阗。

至此，除伊犁地区外的整个新疆地区宣告光复。为了表彰左宗棠运筹帷幄、决胜千里的功勋，清廷将其晋封为二等侯。

读 故 事 学 知 识

## 以逸待劳

指作战时采取守势，做好充足的准备，趁敌军疲惫不堪时迅速出击，取得胜利。

出自《孙子兵法·军争》："以近待远，以佚待劳，以饱待饥，此治力者也。"意思是，以距自己较近的地方应对远途而来的敌人，以充分的休整应对疲劳奔走的敌人，以饱餐足粮应对饥肠辘辘的敌人，这是保持战斗力的方法。

## 负隅顽抗

指凭借险要地势或有利条件，顽固抵抗。含贬义。

出自《孟子·尽心下》，晋国有个名叫冯妇的人，擅于打虎，后来做了私塾先生，便不再打虎了。有一次，他看到有人在追逐一只老虎，"虎负嵎，莫之敢撄"。冯妇随即捋袖下车，前去搏虎。

# 树倒猢狲散

出自宋代庞元英的《谈薮·曹咏妻》,宋高宗时有个叫曹咏的人,极善逢迎,深得秦桧赏识,官运亨通,很多人来巴结他,只有妻弟厉德斯不理睬他。后来,秦桧死了,曹咏及其他依附之人纷纷被贬。厉德斯听说后,写了一篇赋,名为《树倒猢狲散》寄给了曹咏。后以此比喻有权势的人一倒台,依附他的人也随之散去。

# 势如破竹

原指形势发展就像用快刀劈竹子一样,只要劈开上面几节,整个竹子就顺着刀口裂开了。

出自《晋书·杜预传》,晋武帝司马炎命杜预率兵攻打东吴国都建业。这时有人提出,此时正值夏季,若遇雨季,长江水势将暴涨,对作战不利,不如暂且休兵,等冬天再进攻。杜预不同意退兵,说:"今兵威已振,譬如破竹,数节之后,皆迎刃而解。"不久,他率军攻下建业。

第十三章

壮士长歌

一

　　新疆西北部的伊犁河谷地区，农业发达，矿藏丰富，既是我国通往中亚的要冲，又是新疆西部地区连接南北疆的枢纽，战略地位十分重要。正因如此，清代乾隆皇帝平定准噶尔部叛乱以后，特意选择在伊犁河谷的惠远城（今新疆伊犁霍城）设立了伊犁将军，统辖新疆全境。从此以后，伊犁不仅充当着新疆的政治中心，也逐步发展为繁荣的商业中心。

　　沙俄对伊犁河谷觊觎已久。同治十年（1871年），沙俄当局趁着阿古柏窃据新疆的时机，悍然派兵侵占了伊犁地区，并在这里实行殖民统治。他们狡猾而又虚伪地宣称：俄国占领伊犁是为了"安定边疆秩序"，只因清朝尚未平定叛乱，所以"代为收复，权宜派兵驻守"，等到清军击败阿古柏后，俄国便会"交还"伊犁。然而私下里，俄国的官员们却都毫不掩饰地叫嚣："交还伊犁的这一天永远也不会到来！"

　　显然，俄国人低估了清政府收复新疆的决心和能力。光绪二年春，左宗棠以"钦差大臣、督办新疆军务"的身份正式开始西征，并且旗开得胜，进展顺利。俄国人不甘心遵照承诺交还伊犁地区，单方面做出决定：只有清政府同意割让伊犁河谷的西半部分给沙俄，并允许俄商进入中国内地贸易，俄方才会同意交还伊犁。

　　对于沙俄这种出尔反尔的无耻行径，左宗棠当然极为反感。光绪三年（1877 年）末，在左宗棠的指挥下，南疆也宣告光复。左宗棠立即要求沙俄尽快履行交还伊犁的承诺。清政府也派出吏部右侍郎崇厚作为代表，与俄方围绕伊犁问题展开谈判。

　　崇厚既不了解新疆的情况，也没有维护国家利益的坚定意志。他到圣彼得堡后，俄国人先用优厚的款待笼络他，继而用花言巧语迷惑他，最后又施以威逼恐吓。崇厚完全落入了对方的圈套。崇厚从北京出发前，清政府曾经明确地指示过他：割地的条款是绝对不能答应的。可如今崇厚已经被俄国人搞昏了头，居然不顾清政府的训令，在光绪五年（1879 年）八月擅自跟俄方签订了所谓的《里瓦几亚条约》。该条约规定：俄方向清朝交还伊犁，但清朝必须将伊犁河谷西部的霍尔果斯河以西地区、南部的特克斯河流域以及塔尔巴哈台地区斋桑湖以东土地割让给俄方，并且向俄方赔偿五百万卢布。此外，清政府还必须允许俄国在哈密、嘉峪关等处设立领事，并给予俄商贸易特权。

《里瓦几亚条约》签订的消息传回，朝野上下一片哗然。各级官员和士人都愤怒异常，纷纷要求严惩崇厚，因为这是一份不折不扣的丧权辱国条约。以张之洞为首的清流派大声疾呼："不改此议，国将不国！"强烈要求废除这份条约，与俄方改订新约。刘锦棠等广大西征军将领更是直接主张废弃这份条约，立即用武力收复伊犁。

左宗棠对于这次中俄交涉的结果同样失望至极。他痛心疾首地向朝廷表示："假如我们是在战场上失败了，那割地求和是不得已的事情，尚且可以理解。可现在，两国根本不曾开战，我们就主动舍弃大片国土和战略要地，无条件地满足对手的贪欲！这就好比把骨头扔给恶犬吃，即使骨头吃完了，恶犬也并不会就此满足，反而会变本加厉地撕咬我们。眼前的局势已经如此不堪，谁知道他日的祸患又将是何等严重呢！这正是最值得叹息痛恨的事情啊！"

可是事情毕竟已经发生了，最关键的还是寻求补救之策。左宗棠向朝廷提出："就目前的情况而言，首先应当运用外交手段，向俄方施压，努力迫使他们同意跟我们改订新条约；如果谈判不成，则应该放弃幻想，改用军事手段，与俄国人奋力一战，依靠我们的坚忍而求得胜利。我左宗棠虽然年老，也绝不会退缩犹豫，必将作为前锋，奋力为国家收复失地！"

在朝野上下爱国浪潮的推动下，清政府不得不惩办崇厚，将其判为"斩监候"，并接受了左宗棠的建议，一边派出驻英法公使曾纪泽前往俄国谈判改约，一边令左宗棠统筹新疆军务，做好武力收复国土的准备。

二

沙俄眼见快要到口的肥肉可能化为泡影，不禁恼羞成怒。他们在中俄边境集结了数万兵力，并调动由二十多艘舰船组成的庞大舰队，企图封锁中国沿海。一时间，战争的阴云密布，大有一触即发之势。

左宗棠丝毫没有被沙俄的军事讹诈吓倒，反倒越发坚定了收复领土的决心。这一年，他已经六十八岁了，身体每况愈下，痢疾、风疹等旧病反复发作，甚至还曾经吐血。但左宗棠顾不得这些，依旧日夜运筹帷幄。他精心制订了一份三路进兵、收复伊犁的计划：东路由伊犁将军金顺率领，扼守精河一线，阻截俄军东犯，伺机西进；西路由刘锦棠率领，取道乌什，从冰岭以西经布鲁特游牧地区直指伊犁；中路则由张曜率嵩武军，从阿克苏冰岭以东，沿特克斯河向伊犁进兵。

为了就近指挥各军，同时也为了向沙俄表明自己绝不屈服

196

的意志和收回国土的决心，左宗棠毅然决定：将自己的大本营从嘉峪关内的肃州迁至嘉峪关外的哈密。饶应祺、魏光焘等部下纷纷表示担忧和反对："肃州与哈密相隔千里，大帅您身体本就欠安，千里跋（bá）涉只会加剧病情。何况哈密酷热难耐，气候条件恶劣，对您的身体就更不利了。万望大帅您三思啊！"左宗棠坚定地回应道："诸位关心我的身体状况，我十分感激。然而，正如我一生敬仰的林则徐大人所说，'苟利国家生死以，岂因祸福避趋之？'能否收复伊犁，事关我国的主权与伊犁百姓的福祉（zhǐ），我怎能因为自己个人的因素而逃避对国家和百姓的责任呢？何况，俄国人正盯着我的一举一动，我表现得越强硬，对改订条约就越有利；要是我都退缩了，那俄国人势必有恃无恐。我已经年届七旬，只要能够为收复伊犁出一分力，纵使马革裹尸，又有什么关系呢？"

光绪六年（1880年）四月，左宗棠拔营离开肃州，毅然踏上了前往哈密的征程。临行前，面对来送行的老部下们，左宗棠豪迈地表示："自洋务兴起、国门洞开以来，中国饱受英、法、俄等西夷的轻侮，不得不含羞忍耻，却始终无法自我振作起来。本帅每每想到这些，就难以抑制愤慨之情！眼下沙俄大搞讹诈，虚声恫（dòng）吓朝廷，想要强占我们的宝贵疆土。

神州赤子，无不满怀忧愁义愤，本帅岂能坐视不理，使俄人的狼子野心得逞？老夫此去哈密，已抱定决战之志，效仿唐朝的名将薛仁贵，'将军三箭定天山，壮士长歌入汉关！'无论如何，定要将沙俄所占的领土尽数收复不可！"在场的将士们都被左宗棠豪壮的气魄打动，纷纷拱手回应道："愿追随大帅收复疆土，义不容辞！"

五月初，左宗棠经过千里跋涉，终于抵达了哈密，并在此设立指挥大本营。他克服旅途劳累、肝病复发等种种困难，迅速投入繁忙的军事部署工作中。

# 三

不久，哈密大营中来了一位德国客人，他就是德国泰来洋行的经理福克。原来，左宗棠自进军西北以来，就对德国的军事装备相当中意，他与德国在中国开办的泰来洋行建立了合作关系，成为他们的重要客户。这次福克带领几位同事来到哈密，正是为了推进与左宗棠的合作。左宗棠热情地招待了福克一行，还邀请他在大营驻留一段时间。

吐鲁番号称"火炉"，夏季极为酷热，中午时分气温能轻易达到四十摄氏度以上。福克初来乍到，热得汗流浃（jiā）背，感到十分不舒服。他一边不停地擦汗，一边打量着伏案工作的左宗棠。这位年近七旬的老帅，在用泥土搭建的简陋营房中专注地批阅着公文，这些公文堆放在桌案上，足有一尺多高。由于身体较胖，左宗棠的额头和脸颊上汗珠直流，时不时就要用毛巾擦拭一下，但手头的工作却从没停下过。正午时分，卫兵

把左宗棠的午饭端了上来，放在案边。福克凑近一看，不过是一碟凉拌苦瓜、一碟丝瓜、一小盘羊肉和几张馕（náng）而已。左宗棠处理完手头的文件后，便招呼福克与他一同进餐，两人边吃边聊天。

福克忽然想起来哈密的路上听到的传闻，于是开口问道："左帅，我来这里的路上，听人们讲，您出关时把棺材装在车上，一路运到了哈密，以表示自己誓死收复国土的决心。我很好奇，这是真的吗？"左宗棠听了，哈哈一笑，没有正面回答福克的问题，而是说道："我们中国有句古话：人生七十古来稀。老夫已近古稀之年，体衰多病，本就时日无多了。此番有幸以老迈之躯，为国效力。出关之日，只觉得壮志满怀、热血难平，其他事情早就抛在一旁了。至于我这把老骨头究竟是马革裹尸，还是铜棺盛殓，又何足挂齿呢？"

又住了几天，福克发现，左宗棠的起居极为规律：每日黎明时分就起床，到自己开辟的菜园里四处看看，回营帐后开始接见下属；七点钟吃早餐，饭后处理公务，直到十二点钟吃午餐；午餐后也不休息，继续办公到五六点钟；然后再去菜园里浇灌蔬菜瓜果、除草除虫；晚饭后，与营务官员商谈事务，直到深夜十二点钟才睡。福克不禁感叹：每天只睡五小时，工作时间却超过十二小时，谁能想象，这是一位年近七旬老者的日常呢？或许对左宗棠来说，每天在菜园里度过的两个钟头，应该算是为数不多的调剂与放松了。左宗棠很是自得地告诉福克："侍弄瓜果是老夫平生所好，这二十亩菜园，都是老夫到哈密后亲手开辟的，各色瓜果齐全，足供一日三餐之需。"福克尽管不是农业专家，但也看得出来：菜园里的瓜果长势喜人，左宗棠显然是个实打实的园艺高手。

在福克即将踏上归程前，左宗棠还邀请他参观了亲卫部队的演练。福克看到，左宗棠的亲卫军纪律严明、操练得法，士兵能熟练使用新式武器，士气也很高，没有因酷热而出现涣散、偷懒的情况。他不禁夸赞道："左帅您麾下的这支部队，完全可以比肩我们欧洲的一流军队。如果这支军队在伊犁与俄国人交战，必定能获得全胜。"

四

　　就在左宗棠全力备战的同时，北京的朝堂上却又掀起了新
波澜。原来，英法等列强看到崇厚这位软弱可欺的"老朋友"
被判处"斩监候"，唯恐清政府的外交态度从此变得强硬起来。
所以，他们纷纷向清政府表示"严正抗议"，要求释放崇厚。英
国人戈登还对清朝廷加以恐吓，声称："如果清朝与沙俄开战，
付出的代价将极为惨痛，不仅要承担至少五年的庞大军费开支，
还必须做好迁都的准备。"李鸿章等主事大臣，本来就对俄国的
武力相当忌惮，如今面对列强集体施压，妥协的意愿变得更加
强烈。为了压抑主战派，避免"刺激"沙俄，在李鸿章等人的
建议下，清廷下了一道诏书，将左宗棠从新疆前线召回北京。

　　左宗棠接到诏书，感到极为惊诧和痛心。他明白：自己这
一走，不仅之前武力收复伊犁的种种准备将有付诸东流的危险，
就连与俄国人谈判的走向，恐怕也将十分不妙。他心情沉重地

对张曜等部下说道："伊犁之事尚未定议，只因俄方派出军舰前往沿海恐吓，朝堂上主事的官员们便心中动摇，打起了退堂鼓，国家大计因此而被耽误。我预料等我到北京的时候，谈判桌上的大错必将铸成，如之奈何，如之奈何啊！"悲愤之情溢于言表。

左宗棠仍没有放弃最后的努力。他一面将军事要务周全妥帖地交代给刘锦棠、张曜等人，嘱托他们带领关外将士依照此前的部署，努力备战；一面给总理衙门写信，重申自己反对屈辱妥协的坚定态度，嘱咐总理衙门千万不要急于签约。

俄方尽管摆出一副武力解决的态势，其实自身并没有足够的财力发动一场针对中国的战争。中方代表曾纪泽利用这一点，在谈判桌上与俄方斗智斗勇，尽量为国家争取利益。左宗棠在新疆积极备战，令俄方一直颇为忌惮。所以当他们听说左宗棠奉诏回京时，并没有摸清清政府的真实意图，反而怀疑这是清廷准备"进行全面武力对抗"的信号。出于这种忧虑，俄方迫切希望尽快定议，免生枝节。

最终，光绪七年（1881年）2月24日，中俄双方在圣彼得堡签订了《改订条约》。新条约规定，俄方不再索要特克斯河流域，但仍割占了霍尔果斯河以西和斋桑湖以东的土地，并将清政府需要支付的赔款从五百万卢布提升到九百万卢布。尽管本质上这仍是一份损害中国主权和利益的不平等条约，但终究算是收回了一些权益，结束了沙俄非法占据伊犁地区的状况。

　　为了对新疆实施更加有效的管控，促进边疆开发治理，左宗棠在收复新疆后不断呼吁（yù）设立新疆行省，前后五次上书朝廷陈述此事的重要性，并为此做出了细致可行的预案。最终，在光绪十年（1884 年）九月，清廷发布谕旨，正式宣布新疆建省，任命刘锦棠为新疆首任巡抚。左宗棠终于在生前实现了自己的这一夙（sù）愿。

读 故 事 学 知 识

# 马革裹尸

原指战死沙场后，用马皮将尸体包裹起来。比喻英勇作战，不畏牺牲。

出自《后汉书·马援传》，东汉初期，伏波将军马援征战四方，立下赫赫战功。有一次，马援打了胜仗，率部凯旋，很多亲朋好友前来恭贺慰问。其中有个叫孟冀的人，以擅计谋著称，也在欢迎马援的行列中。他说了不少恭维的话，马援听了，就诚恳地说道："我原本希望先生说些良言警语，给我一些指点，没想到，您也跟其他人一样尽是奉承。我不过立下一点儿功劳，却得到了丰厚的奖赏。功薄而赏厚，不是长久之兆。先生何不指点我一二呢？"孟冀不好意思地说："我哪里有资格指点您呢？将军多年征战，如今年纪大了，应该多在家休养，享受天伦之乐。"马援听了，慷慨激昂地说："男儿要当死于边野，以马革裹尸还葬耳，何能卧床上在儿女手中邪！"

第十四章

老骥伏枥

一

　　光绪七年初，左宗棠应诏从新疆赶回北京，担任军机大臣兼总理各国事务衙门大臣。

　　"出将入相"一直是封建时代读书人的至高追求，如今左宗棠从新疆前线的主帅，改任相当于"宰相"的军机大臣，无疑是货真价实的"出将入相"了。所以，年近七旬的左宗棠踌躇满志，很希望在军机大臣任上出一分力，振兴这个积贫积弱的大清国。

　　然而，还没进入北京城，他就遭遇了"下马威"。到达崇文门后，左宗棠乘坐的马车就被守门的小吏拦住了。这个小吏趾（zhǐ）高气扬地告诉左宗棠："所有任期结束奉诏回京的封疆大吏，要过此门，都必须交一笔银子，这叫'述职费'。"左宗棠感到又惊愕又气愤，大声质问："这是谁的规定？这不是公然抢劫吗？"没想到小吏毫不示弱，直接告诉他："交纳述职费是朝廷要求。不交银子，休想入城！"左宗棠没想到朝廷居然有这种荒唐的规定，一时语塞。沉默了一会儿，他只能询问具体要交多少银子。小吏伸出四根手指说："四万两！"左宗棠一听，火冒三丈，"别说我根本没有四万两银子，就是有，我也绝不会给你们这些混蛋一个铜板！"

左宗棠一生耿直倔强，当然不愿意低头，所以干脆就在门外住下了，而守门小吏居然也毫无退让的意思。五天过去了，事情仍僵持不下，恭亲王奕䜣实在看不下去，亲自出面替左宗棠掏了几千两银子充作"述职费"，左宗棠才得以进入京城。

这次"入城风波"，让左宗棠初步认识到京城贪腐的风气是何等严重。而接下来的事情，更加证实了他的想法。上任军机大臣不到一个月，左宗棠家里来请托行贿（huì）的人就络绎不绝。左宗棠毫不客气地将行贿者统统赶出家门。然而，明枪易躲，暗箭难防。有一天，曾在左宗棠帐下任职的一名老部下来府上拜访他，送他一坛泡菜。左宗棠见礼物不贵重，就收下了。部下走后，仆人把泡菜拿到厨房料理，这才发现：坛子里装的竟然是黄澄（dēng）澄的金子！左宗棠这才发现自己上了当，立即派人将这名部下追回，把礼物退还给他，并严厉地批评道："你在西北追随我一年多，应该清楚，我平生最痛恨贪污。你以前能洁身自好，怎么到了京城，就沾染上请托行贿的劣行了？你想靠行贿我来谋求升迁，那是打错了算盘！"部下只好带着金子，灰溜溜地走了。然而，这名部下很快转而向其他官员行贿，迅速得到升迁。这令左宗棠感到万分痛心和愤怒，却又无可奈何。

除了贪腐问题，来自军机处同僚的误解和排挤也让左宗棠感到很不舒服。左宗棠来北京前，一直担任地方大员和军事统帅，习惯了独断专行、直来直去的办事风格。可军机处历来是个讲究人情世故和礼节的地方，禁忌很多，左宗棠自然显得格格不入。时间久了，同僚们对左宗棠的不满日益加深。再加上左宗棠与李鸿章长期不和，属于李鸿章一派的军机大臣们自然也不愿意接近左宗棠。这样一来，左宗棠在军机处很快就成了"孤家寡人"，想办事却有心无力。

当时，北京城附近的永定河，堤防设施年久失修，水患严重。左宗棠了解情况后，就建议朝廷治理此河。朝廷批准了左宗棠的提议，可直隶总督李鸿章却处处敷衍，军机处的其他同僚也纷纷作壁上观。左宗棠对此感到愤慨，但毫无办法，只能拖着老迈的身躯亲自到治河现场巡视指导。一个月下来，左宗棠竟然因为劳累过度而病倒了。

　　最终，左宗棠实在无法忍受同僚的排挤掣（chè）肘，以及京城的贪腐之风，果断向朝廷递交了去地方任职的申请。朝廷于是将他调任两江总督兼南洋通商大臣。此时，距离左宗棠被任命为军机大臣，仅仅过去了九个月。

# 二

尽管在军机处的遭遇很不愉快，但左宗棠为国分忧、为民解困的决心并未动摇，仍然一心想在新的岗位上贡献自己的力量。

两江总督的辖区包括今天的安徽、江苏和江西三省。这里水网密布、人口密集，有鱼盐之利，历来是朝廷仰赖的财富重地。左宗棠到任后，不辞劳苦，亲自去各州府巡视了一番，对两江地区的政治得失和民生状况有了更准确的认识。他认定：水利和盐政是治理两江的关键。因此，他花费许多精力整治淮河，疏浚河道，建设海堤，减轻了水害；同时，他还继承陶澍以前"治盐"的策略，整顿两淮盐政，裁减冗（rǒng）杂税费，增加食盐的产量和流通量，有效降低了百姓和商人的负担，并增加了盐税收入。

左宗棠的两位忘年交——陶澍和林则徐，都曾任职于两江地区，政绩卓著，即使过去了四十年，民众依然受其恩泽、颂其功绩。左宗棠自己的施政理念也深受两人的启发与影响。所以，在治水治盐的过程中，左宗棠的脑海中总会闪过与他们交往、相知的一幕幕场景，对他们倍加思念和追慕。为此，他专门捐出俸禄，筹资修建了纪念陶澍、林则徐的"二公祠"。

祠堂建好以后，左宗棠特意在一个休息日独自来到祠堂内。望着陶澍的雕像，左宗棠仿佛又看到了那个不计较身份地位差别、总是认同和鼓励自己的慈祥长者，眼泪不自觉地便涌了出来。他喃喃地说："陶公您临终前把绍云托付给我，如今他已经长大成人、成家立业，成为一名卓然自立的君子，您就放心吧！四十年前，我便知道您是一位爱民如子、有才有德的好官，如今我也来到两江，继续做着您当年曾经为之努力过的事业，越发觉察出您的伟大与不易。我多想像您一样，切实地为两江百姓造福，为国家分忧啊！"

左宗棠又望向了林则徐的雕像，感叹雕像那威严而又坚定的神态真是惟妙惟肖。他脑海中又闪回了三十多年前在湘江小舟上的那次"夜谈"，想起林公对自己的期盼与嘱托。他从怀中掏出自己新绘制的《新疆行省舆图》，放在林则徐的神龛前，满怀深情地向他"报告"说："林大人，当年您十分担忧俄罗斯、英吉利对新疆的威胁，嘱托我要保护好、建设好新疆。您的担忧不幸言中，新疆一度被外敌窃据，百姓沦为奴隶。好在，这种局面没有一直持续下去，我带着西征军，历经千难万险，终于赶走了侵略者，收复了新疆。在我和同仁们的呼吁下，新疆已经被设立为行省，新疆的建设步入了正轨。我特意绘制了这幅《新疆行省舆图》，好让您看看，昔日您魂牵梦萦的新疆，如今是什么样的新面貌！"

# 三

　　两江地区是清朝与洋人通商、交往的前线，尤其是作为通商口岸的上海，各国租界林立，洋人趾高气扬，根本不把清朝地方当局放在眼里，不仅不遵守中国法律，还恣（zì）意妄为、欺压中国百姓。洋人在许多公园甚至贴出"华人与狗不得入内"的告示，公然羞辱中国人。左宗棠向来痛恨英法俄等列强对中国的侵略和掠夺，坚决主张抗击侵略者、保护国家的主权和利益，所以对此极为反感，决定亲自前往上海租界巡阅。

　　光绪八年（1882年），左宗棠到上海吴淞（sōng）口检阅江南水师，五艘兵船和数百名水兵参加了演练，声势浩大，许多群众都来围观。操练结束后，左宗棠在四十名亲兵护卫下，前往上海租界进行巡视。

　　骄横跋扈（hù）的租界外国巡捕并不把左宗棠放在眼里，看到巡阅队伍就上前阻拦，声称："必须向租界当局申请照会才能进入租界!"左宗棠忿(fèn)然作色道:"上海乃我朝之土地,条约上写得清清楚楚,各国只是租借,没有领土主权。本督在职权范围内巡阅本国土地,哪里用得着你们批准?"几句话,就把巡捕们说得理屈词穷了。但是,巡捕们倚仗权势,仍然不肯轻易放行。左宗棠更加气愤,下令:如果巡捕再敢阻拦,就用武力开道。四十名久经战阵、功勋卓著的亲兵听闻命令,立刻枪上膛、刀出鞘(qiào),做好了攻击准备。

巡捕们打量着这些荷(hè)枪实弹的亲兵,只见他们个个威武严肃,脸带怒容。巡捕们终究是外强中干,不敢造次,只得灰溜溜地离开。租界当局听到报告,虽然很不满,但也不得不承认左宗棠的巡阅合理合法。他们唯恐惹恼了左宗棠,引发武力纠纷,影响自己已经得到的利益,所以只能派出军警,主动为巡阅队伍开道。

后来,左宗棠又两次巡阅上海租界,租界当局有了之前的经验,颇为礼遇,黄浦江上的军舰主动放礼炮表示欢迎,许多中外市民前来观礼。通过这种方式,左宗棠鼓舞了当地百姓的志气,也维护了国家的尊严。

读故事 学知识

## 趾高气扬

原指走路时把脚抬得很高，十分神气。形容傲慢自得，看不起别人。

出自《左传·桓公十三年》，春秋时，莫敖屈瑕（莫敖，是楚国最高官职）率兵与郧、随、蓼等盟国军队交战。他依将军斗廉的计策，集中兵力攻打郧国的城邑蒲骚，盟军很快便分崩离析。屈瑕大获全胜，班师凯旋。这就是历史上著名的"蒲骚之战"。可是，屈瑕却认为这次胜利全是自己的功劳，变得骄傲自满起来。后来，楚王又派屈瑕率兵去攻打罗国。大夫斗伯比随众人前往送行，回来后对车夫说："莫敖必败。举趾高，心不固矣。"意思是，莫敖屈瑕这次必然会打败仗，看他那趾高气扬的样子，不可能冷静地指挥作战。果然，屈瑕因轻敌导致死伤惨重，大败而逃，最后自刎谢罪。

第十五章

抱憾而终

一

　　光绪八年，法国扩大了对清朝藩属国越南的侵略，同时持续向中国西南地区进行渗透，清朝的国防压力陡然增加。听到这一消息，左宗棠忧心忡忡，他预感到一场新的对外战争恐怕已经很难避免了。于是不顾年老体衰，亲自到长江沿岸各据点视察，督促将士们训练备战。

　　到光绪九年（1883 年），法国悍然攻击驻扎在越南北部的中国驻军，战火烧到了中越边境。此时，清政府对是战是和，仍然举棋不定。以李鸿章为首的主和派，惧怕法国的力量，主张抛弃越南，避免与法国"决裂"。左宗棠对此明确表示反对，他说："越南是中国的属国和藩篱，如果坐视越南亡国，则中国不仅将失去国际威望，云南、广西也必然成为战争前线，不得安宁。"为了切实支援前线的战事，左宗棠委派老部下王德榜回湖南招募了数千名乡勇，组成"恪（kè）靖定边军"，开赴中越边境。

尽管左宗棠已经对战争做了不少准备，但局势恶化的速度还是远超他的想象。光绪十年（1884 年）初，清军防守的越南北宁、兴化等战略要地相继失陷，法军直逼镇南关。李鸿章等主事大臣慌忙跟法国代表签订了《中法简明条约》，承认法国对越南的占领，承诺将清军调回国内，并允许法国在中越边境通商。

消息传出，舆论大哗，连美国人都惊呼："没有打仗就承认失败，这就是李鸿章所做的事！"

左宗棠此时正奉命再度入京，听到这个消息，寝食难安，紧急向朝廷上奏，力陈当前局势之险恶："眼下，俄国人垂涎（xián）我们的属国朝鲜，英国人觊觎我们的领土西藏，日本吞并了我们的藩属琉（liú）球，葡萄牙占据了我们的土地澳门，列强像嗜（shì）血的鹰犬一样，纷纷把目光投向了我们中华。如果我们在此时选择对法国妥协，必然会刺激各国侵略我们的欲望，使他们得寸进尺，则中国必将陷入被瓜分肢解的厄（è）运之中啊！所以，现在绝不是妥协和议之时，必须下定决心，打赢这一战。我虽然已年逾古稀，但仍愿意亲赴前线督师，并立下军令状，如若失败，愿受重罚！"可是，左宗棠有理有据的分析以及慷慨激昂的表态，并没有改变朝廷妥协的态度。

正如左宗棠所预料的那样，李鸿章的轻易妥协果然刺激了法国的侵略野心。法国当局以中越边境摩擦为借口，指责清廷破坏合约，向清廷勒索两亿五千万法郎的赔款。清廷根本拿不出这么多钱，自然不能答应。法国军舰于是悍然炮轰中国台湾基隆港，当地驻军奋起反击。眼见局势越发严峻，慈禧太后不得不召集众臣，讨论和战事宜。左宗棠在会上疾呼："大清不能永远屈服于洋人，与其赔款，不如拿赔款作军费！"这一表态得到了多数大臣的支持。慈禧太后见大家都不愿赔款，便拒绝了法国的"最后通牒（dié）"。

## 二

法国见恐吓勒索不成，决心扩大战争。七月初三，法国远东舰队在司令孤拔的指挥下，突然袭击停泊在马尾港的清军军舰，福建海军几乎全军覆灭，马尾造船厂也受到严重破坏。消息传到北京，左宗棠得知消息，既震惊又无比痛心，一度咳出鲜血来。

左宗棠难以压抑自己的激愤，立即去找主持军机处的醇亲王奕譞（xuān），请求亲自统兵，奔赴抗法前线。奕譞打量着眼前这位身材矮壮、须发皆白的古稀老人，只见他目光依然矍（jué）铄（shuò），神采之豪壮不减当年，言辞浑厚有力，透露出坚定不移的意志。这令奕譞不禁想起东汉名将伏波将军马援"老当益壮"的典故，内心对左宗棠十分敬佩。在奕譞的奏请下，朝廷任命左宗棠为"钦差大臣，督办福建军务"，批准其奔赴前线、督师抗法。

八月中旬，清廷见前线吃紧，考虑到左宗棠的安危，指示他不必身临沿海前线。但左宗棠在江宁召集旧部五千人后，没有丝毫犹豫和停留，立即赶赴福州。

当时，福州城内因为马尾之战的惨败而人心惶惶。左宗棠的到来，给福州百姓带来了极大的振奋和鼓舞，人心迅速安定下来。在左宗棠入住的钦差大臣行馆中，当地百姓特意张贴了一副对联，以表达对左宗棠的仰慕和崇敬：

数千里荡节复临，水复山重，半壁东南资保障。

亿万姓**轺**（yáo）车争拥，风清霜肃，十闽上下仰声威。

到达福州后，左宗棠不顾劳累和宿疾，立即投入紧张的军事指挥之中。为了保卫福州，左宗棠派人用铁索配合机器封锁住闽江口，又以垒石填塞其他内河的入海口，仅留供小船出入的缺口；修复被法国舰炮击毁的沿岸炮台，并在重要港湾处派人安放水雷。这些举措，有效阻止了法国海军进攻福州的企图。

当时，台湾也正受到法军的猛烈攻击，台湾海峡被法军严密封锁，台湾与大陆的联络基本断绝。岛上的清军只能独自奋战，粮饷、武器都严重不足。为了有效地支援台湾军民，左宗棠克服没有军舰护航、没有轮船运送的困难，派部下王诗正带领一千多名勇士，扮作渔民，从泉州出发，冒险在黑夜中偷渡台湾海峡。到年底，王诗正部终于分批到达台湾，送去了守军急需的武器粮饷，大大鼓舞了当地军民的斗志。

光绪十一年（1885 年）初，法军舰队统帅孤拔在进攻镇海时遭到清军还击，不久因伤重毙命。法国当局见海战未达到预期目标，又将战略重点转向中越边境。法军集结重兵，直逼镇南关。关键时刻，在王德榜率领的恪靖定边军的配合下，老将冯子材顶住了法军的攻势，并趁势反攻，一举收复谅山，歼敌千余人，法军全线溃败。左宗棠听闻前线捷报，极为兴奋，连连称赞冯子材和王德榜"忠勇可嘉"。他写信给王德榜，表示自己满心期待着前线将士们能取得更大的战果，洗刷鸦片战争以来中国对外作战连续失败的耻辱。

<h1 style="text-align:center">三</h1>

然而，以李鸿章为首的主和派由于害怕法国的反击与其他列强的干涉，竟然迫不及待地主动与法国议和，签订了《中法新约》。法国不但巩固了之前在《中法简明条约》中已获得的各项权益，还得到了降低进口税率的优惠以及在中国修筑铁路的权力，大大便利了其向中国西南地区的渗透。前线将士浴血奋战得来的胜利，竟然被清政府以一纸不平等条约作结，实在是外交史上的奇闻！

左宗棠得知消息，犹如遭到晴天霹雳般的打击，忧愁激愤之情填满了胸膛，牵动肝病等旧疾，从此卧床不起，甚至一度昏死过去。

即使在生命垂危之际，左宗棠依然牵挂着国家的安危。在病榻上，他向朝廷郑重提出了两条重要建议：一、设立海防全政大臣。中法战争中，沿海各督抚各自为政，缺乏协作，使得本就不充裕的海防力量更加无法形成合力，难以有效应对海上侵略者的威胁。左宗棠认为，要改变这种局面，就必须设立专职的海防大臣，驻扎于长江口，北卫京津，南控闽越，统一指挥北洋、南洋海军。二、设立单独的台湾行省。台湾岛对于东南沿海来说，就像大陆的钥匙和屏障，具有重要的战略地位。而其孤悬海外的地理特征又使得它屡次遭到日本、法国的侵略，所以巩固和保卫中国台湾是强化清朝国防的极重要事项。所以，左宗棠强烈呼吁清廷尽快设立台湾行省，加强对台湾岛的开发、治理，强化国防力量。

左宗棠的这两项建议既合情合理，又切实可行，最终被清廷采纳。在他去世的当年，清政府就批准台湾单独设立行省，任命刘铭传为首任巡抚；又下诏设立总理海军事务衙门，由奕譞总揽其事，李鸿章专司筹办。

光绪十一年七月二十七日（1885 年 9 月 5 日），左宗棠病逝于福州。在临终前，他念念不忘的，仍然是国家的安危。在口授的"遗折"中，他沉痛地表示："此次与法国的交锋，实在是关乎中国强弱的一大关键。臣奉命督师南下，迄今未能大胜强敌，张我国威，遗恨平生，不能瞑目！"壮志未酬的悲愤与遗憾溢于言表，拳拳爱国之心昭然可见！

　　左宗棠去世的噩耗传出，福州城中许多百姓都痛哭失声，如同失去了至亲。清廷追赠左宗棠为太傅，谥（shì）号"文襄"。左宗棠生前的许多亲友、部属纷纷送上挽联。其中，时任内阁学士李鸿藻的挽联是：

　　　　诸葛大名垂宇宙，崆峒西极过昆仑。

上联是说左宗棠一生最敬佩三国名相诸葛亮，常以"今亮"自居，平生也确实像诸葛亮那样，既善于运筹帷幄，又为国家鞠躬尽瘁，死而后已；下联则赞颂了左宗棠一生最重要的功绩——收复新疆。两联都直接取自杜甫之诗，对仗工整，用以评价左宗棠可谓恰如其分。

读 故 事 · 学 知 识

## 举棋不定

　　原指拿着棋子，不知该下在哪里。比喻遇事优柔寡断，没有主见。

　　出自《左传·襄公二十五年》，春秋时，大夫孙文子和宁惠子看不惯卫献公的无道，便联合起来发动政变，将卫献公赶出了卫国，立卫殇公为国君。过了两年，宁惠子的儿子宁喜与孙文子逐渐产生矛盾，甚至刀兵相见。没办法，孙文子只得去了晋国。而这时，卫献公也来到了晋国。二人联手，谋求复位。最终，宁喜同意卫献公回国。孙文子说："弈者举棋不定，不胜其耦。而况置君而弗定乎？必不免矣。"意思是，下棋的人拿不定主意，就不能取胜，何况对安置国君这样的事情犹豫不决呢？必然免不了灾祸。果然，卫献公回国后不久，就将宁喜杀了。耦（ǒu）：指下棋的对方。

# 左宗棠诗选

# 癸巳燕台杂感八首

### 其一

世事悠悠袖手看，谁将儒术策治安？

国无苛政贫犹赖，民有饥心抚亦难。

天下军储劳圣虑，升平弦管集诸官。

青衫不解谈时务，漫卷诗书一浩叹。

### 其二

纥烈全金功亦巨，李悝策魏术非疏。

公孤自有匡时略，灾异仍来告汆书。

不惜输金筹拜爵，初闻宣檄问仓储。

庙堂衮衮群英在，休道功名重补苴。

### 其三

西域环兵不计年，当时立国重开边。

橐驼万里输官稻，沙碛千秋比石田。

置省尚烦他日策，兴屯宁费度支钱。

将军莫更纾愁眼，生计中原亦可怜。

### 其四

南海明珠望已虚，承安宝货近何如。

攘输呰俗同头会，消息西戎是尾闾。

郑小可无惩蚩毒，周兴还诵旅獒书。

试思表饵终何意，五岭关防未要疏。

### 其五

湘春门外水连天，朝发家书益惘然。

陆海只今怀禹迹，阡庐如此想尧年。

客金愁数长安米，归计应无负郭田。

更忆荆沅南北路，荒村四载断炊烟。

### 其六

青青柳色弄春晖，花满长安昼掩扉。

答策不堪宜落此，壮游虽美未如归。

故园芳草无来信，横海戈船有是非。

报国空惭书剑在，一时乡思入朝饥。

### 其七

已忍伶俜十年事，惊人独夜老雅声。

一家三处共明月，万里孤灯两弟兄。

北郭春晖悲草露，燕山昨日又清明。

宵深却立看牛斗，寥寞谁知此际情。

### 其八

二十男儿那刺促，穷冬走马上燕台。

贾生空有乾坤泪，郑綮元非令仆才。

洛下衣冠人易老，西山猿鹤我重来。

清时台辅无遗策，可是关心独草莱？

## 二十九岁自题小像八首

### 其一

犹作儿童句读师，生平至此乍堪思。

学之为利我何有？壮不如人他可知。

蚕已过眠应作茧，鹊虽绕树未依枝。

回头廿九年间事，零落而今又一时。


## 其二

锦不为韬自校量，无烦詹尹卜行藏。

君王爱壮臣非老，贫贱骄人我岂狂。

聊欲弦歌甘小僻，谁能台省待回翔？

五陵年少劳相忆，燕雀何知羡凤皇。


## 其三

只恐微才与世疏，圣明何事耻端居。

河渠贾让原无策，盐铁桓宽空著书。

学道渐知箴快犊，平情敢妄赋枯鱼。

幽闲岁月都无累，精舍优游乐有余。


## 其四

十数年来一鲜民，孤雏肠断是黄昏。

研田终岁营儿铺，糠屑经时当夕飧。

五鼎纵能隆墓祭，只鸡终不逮亲存。

乾坤忧痛何时毕，忍属儿孙咬菜根。

## 其五

机云同住素心违，堪叹频年事事非。

许靖敢辞推马磨，王章犹在卧牛衣。

命奇似此人何与，我瘦如前君岂肥。

来日连床鸡戒晓，碧湘宫畔雨霏霏。


## 其六

九年寄眷住湘潭，庑下栖迟赘客惭。

娇女七龄初学字，稚桑千本乍堪蚕。

不嫌薄笨妻能逸，随分斋盐婢尚谙。

赌史敲诗多乐事，昭山何日共茅庵。


## 其七

旅馆孤怀郁不舒，屋梁见月更愁余。

可怜禽鸟犹求友，独隔关山只寄书。

楚泽凉风吟别夜，燕台斜日恶归初。

安能飞梦四千里，人海茫茫一执裾。

## 其八

唐初身判原无格，汉室侏儒例免饥。

仕宦何心争速化，人材似此不时宜。

秋山缀石灯前影，春笋闻雷颔底髭。

只待他年衰与老，披图聊得认参差。

# 辛卯夏仲兄客武昌送别后却寄

## （一）

西风吹孤禽，瘁羽身不肥。

人生奔车中，志士无光辉。

忆昨别兄时，盍旦鸣朝晖。

念当远焉去，有泪不敢挥。

开怀相慰语，蹙蹙恐君悲。

携手上河梁，去矣何时归？

## （二）

别君未匝旬，巨浸城四周。

顼冥麾黑帜，闯浪堆颇黎。

日月澹无色，蛟龙专其威。

哀哉泽国民，倏忽阡庐非。

传闻鹦渚间，井灶嬉鱼龟。

念君不得往，如飞鸟黏鼷。


(三)

嗟予少怙祜，孤露唯君依。

三年客邵陵，相见时亦稀。

贫居岂能久，谁复惜分离。

华颜苟无凋，白首终可期。

尘衣才一洗，忽复载行旗。

江湖阻修远，我怀君岂知。

蛟龙勿君甚，蝮蜮毋君危。

一家尽死丧，君我先人遗。

念兹并百忧，泣涕以涟洏。


(四)

晨之西肆卜，默祷烦灵蓍。

遂遇离之九，卜士详其词。

积阴临阳曦，阴险阳则夷。

行者遇此兆，上吉莫如之。

忧思积中肠，欲信旋复疑。

归为阿嫂说，征途亮无羁。

阿喜踪踏来，强索纸背窥。

郁郁低自语，对此增感欷。

（五）

湘水去悠悠，大别山巍巍。

颜色不可睹，况复音书希。

故山有黄精，野涧多蕨薇。

何当早归来，与君共锄耔。

## 陶氏园听彭山人琴

山边亭子花之阴，癯仙开囊调素琴。

洞庭秋老叶初脱，夜壑春深龙一吟。

中有羲皇不尽意，世无夔旷谁知音。

我家湘上水云窟，岁晚鼓棹来相寻。

## 催杨紫卿画梅

柳庄一十二梅树，腊后春前花满枝。

娱我岁寒赖有此，看君墨戏能复奇。

便新寮馆贮琼素，定与院落争妍姿。

大雪湘江归卧晚，幽怀定许山妻知。

## 题孙芝房苍筤谷图

### （一）

湘山宜竹天下知，小者苍筤尤繁滋。

冻雷破地锥倒卓，千山万山啼子规。

子规声里羁愁逼，有客长安归不得。

北风吹梦落潇湘，晓侍金闺泪沾臆。

### （二）

画师相从询乡里，为割湘云入湘纸。

眼中突兀见家山，数间老屋参差是。

频年兵气缠湖湘，杳杳郊垌驱豺狼。

避地愁无好林壑，桃源之说诚荒唐。

### （三）

还君兹图三叹咨，一言告君君勿嗤。

楚人健斗贼所惮，义与天下同安危。

会缚湘筠作大帚，一扫区宇净氛垢。

归来共枕沧江眠，卧看寒云归谷口。

## 秋日泛舟泉湖作

### （一）

我心如白云，舒卷无定著。

身世亦如此，得泊我且泊。

昔岁来兰州，随槎想碧落。

黄河横节园，牛女看约略。

以槎名其亭，南对澄清阁。

走笔题一系，乡心慰寂寞。

今我访酒泉，异境重湖拓。

杖摘出新泉，堤周三里廓。

洲渚妙回环，树石纷相错。

渺渺洞庭波，宛连湘与鄂。

扁舟恣往还，胜蹑游行麏。

邦人诧创见，旁睨喜且愕。

吾党二三子，时复举杯杓。

## （二）

频年南风竞，靖内先戎索。

出关指疏勒，师行风扫箨。

强邻壁上观，弭伏一邱貉。

老我且婆娑，勉司北门钥。

桓桓夫子力，盛美吾敢掠？

西顾幸无它，吾归事钱镈。

水国足鱼稻，笋蕨耐咀嚼。

梓洞暨柳庄，况旧有丘壑。

一觞醉飞仙，有酒盈陂泺。

不饮酒不溢，十日饮不涸。

仙来笛悠扬，我来歌且咢。

丰年醉人多，仙我共此乐。

他年倘重逢，一笑仍夙诺。

# 题疏勒望云图

## （一）

男儿有志在四方，欲求亲显须名扬。

自来尽忠难尽孝，征人有母不遑将。

## （二）

提戎自少贫且贱，学书不成去学剑。

膂力刚强原过人，手挽乌号长独擅。

适值潢池盗弄兵，东南半壁烽烟横。

我时陈师扫群丑，三千貔虎屯长营。

提戎牵裾别慈母，誓志从戎来江右。

隶我军籍随我征，勇气百倍无与偶。

浙闽东粤及秦中，转战所向皆有功。

戎马驰驱度西陇，勋名懋著何英雄。

嗣后回酋肆猖獗，我复出关持节钺。

提戎敌忾效前驱，马蹄蹴破天山雪。

万里遥征久未归，远羁疏勒隔庭闱。

登亭南望一翘首，多情时逐白云飞。

云弥高兮不可步，亲舍迢遥渺何处？

边塞秋风匝地寒，吹起心旌无定住。

迩年捧檄来闽疆，絜养犹然憾未遑。

同是异乡空陟屺，此怀绵邈长更长。


## （三）

嗟呼举世趋薄俗，每以途人视骨肉。

提戎雅有至性存，尚有一言为尔勖。

我今解组老归田，不忘魏阙心犹悬。

海防善后事孔急，将士还须猛着鞭。

提戎素来禀慈训，身受君恩逾感奋。

终当移孝作忠臣，为我国家扶厄运。


## 题焦尾阁图册

越寇歼除甲子年，忆曾瓯海驻戎旃。

旧闻焦阁珍珠字，中有乾坤正气编。

## 天山扶栏铭

天山三十有二盘，伐石贯木树扶栏。

谁其化险贻之安？嵩武上将唯桓桓。

利有攸往万口欢，恪靖铭石字龙蟠。

戒毋折损毋钻刓，光绪二年六月刊。

## 题顾超秋山无尽图

行尽秋山路几重，故山回首白云封。

阿超知我归心急，为画江南千万峰。

## 无题

监牢且作玄都观，我是刘郎今又来。

能受天磨真铁汉，不遭人嫉是庸才。

# 崇安道中和同征诸子

## （一）

直从瓯海指黄河，万里行程枕席过。

道出中原宸极近，胆寒西贼楚声多。

尖叉斗韵看题壁，竞病联吟更荷戈。

回首四年泥爪迹，明当出峤意如何？

## （二）

百二旧关河，邮程次第过。

扪碑知字少，怀古觉诗多。

杀贼仍书檄，降羌任倒戈。

安然仗公等，于意定云何。

# 壬戌九日军次龙丘作

万山秋气赴重阳，破屋颓垣辟战场。

尘劫难消三户憾，高歌聊发少年狂。

五更画角声催晓，一夜西风鬓欲霜。

笑语黄花吾负汝，荒畦数朵为谁忙？

# 感事四首

## 其一

爱水昏波尘大化，积时污俗企还淳。

兴周有诰拘朋饮，策汉元谋徙厝薪。

一怒永维天下祜，三年终靖鬼方人。

和戎自昔非长算，为尔豺狼不可驯。

## 其二

司马忧边白发生，岭南千里此长城。

英雄驾驭归神武，时事艰辛仗老成。

龙户舟横宵步水，虎关潮落晓归营。

书生岂有封侯想，为播天威佐太平。

## 其三

王土孰容营狡窟，岩疆何意失雄台。

痴儿盍亦看蛙怒，愚鬼翻甘导虎来。

借剑愿先卿子贵，请缨长盼侍中才。

群公自有安攘略，漫说忧时到草莱。


## 其四

海邦形势略能言，巨浸浮天界汉蕃。

西舶远逾师子国，南溟雄倚虎头门。

纵无墨守终凭险，况幸羊来自触藩。

欲效边筹裨庙略，一尊山馆共谁论？


# 题邓厚甫采芝图

飘然曳杖息尘肩，归种都梁二顷田。

却恐采芝云雾窟，世人又谤是神仙。

# 左宗棠生平大事年表

## 少年读左宗棠

**清嘉庆十七年十月初七（1812年11月10日）**

出生于湖南省湘阴县左家塅，名宗棠，字季高。

**嘉庆二十年（1815年）三岁**

随祖父左人锦在家乡的梧塘书塾读书，聪颖机智，备受宠爱。

**嘉庆二十一年（1816年）四岁**

随父亲左观澜迁居长沙，与长兄左宗栻、次兄左宗植在父亲所开书馆读书。

**嘉庆二十二年（1817年）五岁**

开始读《论语》《孟子》。十一月，祖父左人锦病逝，享年八十岁。

**嘉庆二十四年（1819年）七岁**

父亲左观澜教学十分严格，对左宗棠等家中子弟要求更加严格。书馆中的学生日益增多。

**嘉庆二十五年（1820年）八岁**

学作八股文。喜欢读史书，仰慕有大气节的英雄人物。

**道光三年（1823年）十一岁**

开始学习书法、绘画。同年二月，长兄左宗栻岁试补廪生，三月病逝，年仅二十五岁。

### 道光六年（1826 年）十四岁

应童子试，名列第一。

### 道光七年（1827 年）十五岁

应长沙府试，名列第二。十月，母亲病逝，居家守孝，放弃院试。研读经世致用之书。

### 道光九年（1829 年）十七岁

研读顾炎武所著《天下郡国利病书》、顾祖禹所著《读史方舆纪要》、齐召南所著《水道提纲》以及贺长龄、魏源等编纂的《皇朝经世文编》，勾画批点，分类抄录，并将读后心得写成笔记。

### 道光十年（1830）十八岁

二月，父亲左观澜病逝，享年五十三岁。十一月，拜访贺长龄，向其借阅藏书，共论读书心得。贺长龄推荐左宗棠前往长沙城南书院读书。

### 道光十一年（1831 年）十九岁

入城南书院，随贺长龄之弟贺熙龄求学。在此期间，结识了胡林翼等人，建立起深厚的同窗情谊。

### 道光十二年（1832 年）二十岁

参加在省城长沙举行的乡试，因"搜遗"中举。入赘湘潭周家，与周诒端成婚。同年冬，与次兄同赴京城参加会试。次年发榜，未中。

### 道光十四年（1834 年）二十二岁

居湘潭岳家，因不能自食其力而觉得羞耻，便借岳家西屋别居，自己开灶做饭。

### 道光十五年（1835 年）二十三岁

第二次参加会试，原被定为湖南省第十五名，却因区域名额分配超出一个，改录为国史馆誊录。左宗棠不愿屈就，返湘潭。

### 道光十六年（1836 年）二十四岁

在准备参加下次会试期间，左宗棠开始研究舆地之学，与夫人周诒端一起校勘并绘制全国和各省地图。

### 道光十七年（1837 年）二十五岁

赴醴陵，入渌江书院讲学。与时任两江总督的陶澍结识。同年冬，左宗棠赴京师准备参加来年会试。

### 道光十八年（1838 年）二十六岁

第三次会试落第。决定不再应试，潜心研习舆地和兵法，留意农事。

### 道光十九年（1839 年）二十七岁

赴长沙，居次兄左宗植处。结识文献学家邓显鹤、舆地学家邹汉勋，更坚定了走经世致用之路。同年，陶澍去世。

### 道光二十年（1840年）二十八岁

赴湖南安化，以塾师身份教导陶澍之子陶桄，历时八年。

第一次鸦片战争全面爆发。左宗棠写多篇策论，表达自己的观点，阐述救世策略。

### 道光二十一年（1841年）二十九岁

听闻林则徐被罢职，写《感事四首》抒发愤懑之情和抗敌之志。

### 道光二十二年（1842年）三十岁

好友胡林翼回乡，探望左宗棠，二人谈当今局势，决定潜心钻研兵学，共同洗刷国耻。

### 道光二十三年（1843年）三十一岁

于湘阴县东乡柳家冲买田，于门上题"柳庄"二字。

洪秀全在广东创立拜上帝会。

### 道光二十四年（1844年）三十二岁

移居柳庄。自号"湘上农人"。

### 道光二十五年（1845年）三十三岁

好友胡林翼来家中拜访，与左宗棠论谈救国之道。

### 道光二十六年（1846 年）三十四岁

左宗棠继续在陶氏家馆教书，编写《朴存阁农书》，其中包括农事十余篇，从栽种、收割、畜牧、水利等方面做出了详细叙述。

### 道光二十七年（1847 年）三十五岁

结束陶氏家馆的塾师生活，返回湘阴柳庄，研读兵学。

### 道光二十八年（1848 年）三十六岁

胡林翼向林则徐举荐左宗棠，林则徐邀请左宗棠入幕府。左宗棠因家中遭灾，未能前往。

### 道光二十九年（1849 年）三十七岁

到长沙开馆授徒。十一月二十一日（1850 年 1 月 3 日），与林则徐在湘江小舟中会面，彻夜长谈，坚定了左宗棠抵御外侮、富国强兵的志向。

### 道光三十年（1850 年）三十八岁

林则徐奉命赴广西镇压拜上帝会起事，于途中去世。

左宗棠与同县人郭嵩焘拟避乱于湘阴东山。

### 咸丰元年（1851 年）三十九岁

居湘阴柳庄。朝廷开孝廉方正特科。郭嵩焘等同县人推荐左宗棠应试，推辞未去。

**咸丰二年（1852 年）四十岁**

太平军进攻长沙，左宗棠举家避乱于湘阴东山白水洞。经胡林翼举荐，左宗棠入湖南巡抚张亮基幕府，参谋军事。

**咸丰三年（1853 年）四十一岁**

因防守长沙有功，授直隶州同知的头衔。张亮基调任湖广总督，随其前往武昌。

同年，张亮基调任山东巡抚，左宗棠辞归。

**咸丰四年（1854 年）四十二岁**

太平军进攻湖南，左宗棠应湖南巡抚骆秉章之邀，再入幕府，为其筹划军政事宜，直至咸丰十年。

**咸丰五年（1855 年）四十三岁**

在湖南推行厘税和票盐制。

**咸丰六年（1856 年）四十四岁**

因协助湘军作战、接济军饷有功，擢升为四品官员。

**咸丰七年（1857 年）四十五岁**

留任骆秉章幕府。全家移居长沙。

**咸丰八年（1858 年）四十六岁**

骆秉章奏请朝廷左宗棠运筹有功，加四品卿衔。

**咸丰十年（1860 年）四十八岁**

年初，离开骆秉章幕府。五月，奉诏襄办曾国藩军务，创建楚军。七月，于江西景德镇击败太平军。

### 咸丰十一年（1861年）四十九岁

率军援浙。奉诏督办浙江军务。

好友胡林翼在武昌病逝，左宗棠哀恸不已。

### 同治元年（1862年）五十岁

率军与太平军李世贤部鏖战，先后攻陷金华、绍兴等地。

### 同治二年（1863年）五十一岁

擢升闽浙总督，节制浙江、福建军务。

### 同治三年（1864年）五十二岁

攻克杭州。招商开市，减税减赋，抚政安民。考察西洋国家机器制造。

### 同治四年（1865年）五十三岁

击退太平军汪海洋部，战事近尾声，加大整治官员作风力度。

### 同治五年（1866年）五十四岁

战事平息。五月，奏请自制轮船。七月，创设马尾造船厂。九月，调任陕甘总督，奏请设立船政学堂，推荐沈葆桢主持船政。

## 同治六年（1867 年）五十五岁

出任钦差大臣，督办陕甘军务。

## 同治七年（1868 年）五十六岁

与李鸿章等共同剿灭捻军。授太子太保衔。

## 同治八年（1869 年）五十七岁

西征陕甘，全力平定以马化龙为首的叛乱。

## 同治九年（1870 年）五十八岁

攻陷金积堡，擒获马化龙父子。

## 同治十年（1871 年）五十九岁

俄国侵占新疆伊犁地区。

左宗棠在西安开设书局，刊刻经籍。奏请设兰州制造局。

## 同治十二年（1873 年）六十一岁

陕甘两省的叛乱全部平定。

## 光绪元年（1875 年）六十三岁

三月，上《复陈海防塞防及关外剿抚粮运情形折》，主张海防与塞防并重，力主出兵收复新疆。清廷当月任命左宗棠为钦差大臣，督办新疆军务。

## 光绪二年（1876 年）六十四岁

亲自率军移驻肃州，确定西征战略：先北后南，缓进急战。

五月至八月，西征军收复乌鲁木齐和玛纳斯城，平定北疆。

### 光绪三年（1877年）六十五岁

三月，西征军攻克达坂城、吐鲁番、托克逊。四月，阿古柏暴毙。八月至十一月，西征军收复喀喇沙尔、喀什噶尔等南八城，平定南疆。左宗棠因功晋封二等侯。

### 光绪五年（1879年）六十七岁

八月，崇厚与沙俄签订《里瓦几亚条约》。左宗棠反对割地赔款，坚决要求改订新约，并积极备战，准备武力收复哈密。

### 光绪六年（1880年）六十八岁

二月，制定三路收复伊犁的策略。四月，出关赴哈密督战。

### 光绪七年（1881年）六十九岁

一月，中俄改订新约，清朝争回部分权益，收复伊犁。左宗棠入军机处，任总理衙门大臣。九月，出任两江总督兼南洋通商大臣。

### 光绪八年（1882年）七十岁

视察扬州、高邮等地运河堤工。第五次奏请设立新疆行省。

### 光绪九年（1883年）七十一岁

法军入越南，破南定。左宗棠奏请筹办海防，创渔团。令王德榜招募军兵，号"恪靖定边军"，准备出关克敌。

**光绪十年（1884年）七十二岁**

七月，法军袭击马尾港，清廷被迫对法宣战，左宗棠出任钦差大臣，督办福建军务。十月，抵达福建，安定人心，强化海防，支援台湾。

**光绪十一年（1885年）七十三岁**

反对与法国议和罢兵。奏请设立海防全政大臣、设立台湾行省。

七月二十七日（9月5日），病逝于福建。清廷追赠太傅，谥"文襄"。

少年读左宗棠

# 阅读指导与知识扩展手册

读故事
学知识
开眼界

学习左宗棠就看这一本！

## 作品介绍

《少年读左宗棠》是一本讲述左宗棠人生经历的传记，也是一本西北边疆史、一本中国近代史。左宗棠生活在一个充满危机与变革的时代，他曾想通过科举考试实现为国效力的理想，却三度失意，眼看清廷一步步走入丧权辱国的歧途，他也曾想过入山隐居、不问世事，但与爱国政治家林则徐一番湘舟夜话，坚定了他抵御外侮、富国强兵的志向。他从初入湖南巡抚张亮基幕府开始，逐步参与平定太平天国运动、兴办洋务运动、镇压捻军叛乱，又主持平定陕甘回民起事、收复新疆并推动新疆置省，官至东阁大学士、军机大臣，封二等恪靖侯，走过了他传奇而伟大的一生。他在中国历史上的重要性与重大功绩，随着人们对他生平奋斗以及爱国情怀的认识加深，将会与日俱增。

## 左宗棠是谁？

左宗棠（1812—1885 年），字季高，一字朴存，号湘上农人。晚清重臣，著名政治家、军事家、民族英雄，洋务派代表人物之一。

左宗棠出生于湖南省长沙府湘阴县左家塅，四岁随父亲到长沙读书。十五岁应长沙府试，得第二名。二十岁参加乡试，因"搜遗"中举。从道光十三年（1833年）起，三次赴京参加会试，均不及第。第三次落榜后，左宗棠不再执着于科举考试，而是潜心研究经世之学，决定凭借自己的真才实学入仕。

在应试间隙，左宗棠博览群书，钻研舆地、兵法，关注农事，拜访经世派官员贺长龄、陶澍等，还受到林则徐邀请，于湘江小舟中彻夜长谈，论及古今形势、人物品评、西北时政等，二人的见解不谋而合，林则徐认为将来"西定新疆"，非左宗棠莫属。

咸丰二年（1852年），洪秀全亲率太平军主力围困长沙城，湖南巡抚张亮基请左宗棠前来协助，并将军务悉数交予他指挥。左宗棠不负所托，精心谋划，终使太平军撤出长沙。次年，左宗棠正式入湖广总督幕府，开始了他的仕途生涯。张亮基调任山东后，咸丰四年（1854年），左宗棠应新任湖南巡抚骆秉章之邀，再入幕府。咸丰十年（1860年），随钦差大臣、两江总督曾国藩襄办军务。次年，由曾国藩举荐，任浙江巡抚，督办军务。镇压太平天国之后，左宗棠上疏奏设造船厂，创办船政学堂，引进和发展造船技术，培养海军人才。

同治五年（1866年），左宗棠奉命赴陕甘，镇压捻军、平定陕甘回民起事。光绪元年（1875年），他率师进驻甘肃兰州，后收复新疆，并推动新疆置省。光绪十年（1884年），时值中法战争，他坚决主战，自请赴福建督办军务，但清廷下令停战撤军，并与法国议和。

光绪十一年（1885年），病重的左宗棠因和战一事而耿耿于怀，但依然挂心海防事务，提出多条富国强兵之策。同年七月二十七日（9月5日），左宗棠在福州病逝，享年七十三岁。清廷追赠太傅，谥号"文襄"，并入祀昭忠祠、贤良祠。

左宗棠著有《楚军营制》《朴存阁农书》等，其奏稿、文牍等在晚清辑为《左文襄公全集》，中华人民共和国成立后又辑有《左宗棠全集》。

# 左宗棠名言警句

　　自奉宁过于俭，待人宁过于厚。一切均从简省，断不可浪用。此惜福之道，保家之道也。

　　译文：自己平时的生活宁可节俭一些，招待客人宁可丰厚一些。凡事都要注意俭省，不要铺张浪费。这就是珍惜福分、保持家业昌盛的方法。

　　发上等愿，结中等缘，享下等福；择高处立，就平处坐，向宽处行。

　　译文：要有远大的理想，只求中等缘分，过朴素的生活；要有高瞻远瞩的眼光，低调做人，宽容做事。

　　能受天磨真铁汉，不遭人嫉是庸才。

　　译文：能够经受住艰难困苦的折磨，才是真正的汉子；有才华的人总会遭人嫉妒，如果没有人嫉妒，那他一定是个庸才。

　　穷困潦倒之时，不被人欺；飞黄腾达之日，不被人嫉。

　　译文：即使穷困潦倒，也要保有尊严，不可被人欺辱；若有飞黄腾达之日，要低调行事，宽和待人，不可遭人嫉恨。

　　好便宜者，不可与之交财；多狐疑者，不可与之谋事。

译文：爱贪便宜的人，不要与他有金钱上的交往；疑心重的人，不要与他一起共事。


身无半亩，心忧天下。读破千卷，神交古人。

译文：虽然家里连半亩田也没有，但心中却忧虑着家国天下。广泛阅读各方面的书籍，就可以与古人在精神上沟通交流。


要大门闾，积德累善；是好子弟，耕田读书。

译文：要想家族兴盛，就应积累德行与善事；要想成为好子弟，就应耕田、读书。


慎交游，勤耕读。笃根本，去浮华。

译文：谨慎结交朋友，勤劳耕作，努力读书；坚守自己的本心，去除浮华之气。


纵读数千卷奇书，无实行不为识字；要守六百年家法，有善策还是耕田。

译文：纵然读过许多典籍，如果没有经世致用的真才实学，就不算真正认识字；要守护六百年来的家族规范，最好的策略还是耕田。

# 左宗棠家书选录

## 与孝威

　　尔近来读《小学》否?《小学》一书是圣贤教人做人的样子。尔读一句,须要晓得一句的解;晓得解,就要照样做。古人说:事父母,事君上,事兄长,待昆弟、朋友、夫妇之道,以及洒扫、应对、进退、吃饭、穿衣,均有见成的好榜样。口里读着者一句,心里就想着者一句,又看自己能照者样做否。能如古人就是好人;不能就不好,就要改,方是会读书。将来可成就一个好子弟,我心里就欢喜,者就是尔能听我教,就是尔的孝。

　　早眠,早起。读书要眼到(一笔一画莫看错)、口到(一字莫含糊)、心到(一字莫放过)。写字(要端身正坐,要悬大腕,大指节要凸起,五指爪均要用劲,要爱惜笔墨纸)。温书要多遍数想解,读生书要细心听解。走路、吃饭、穿衣、说话,均要学好样。(也有古人的样子,也有今人的样子,拣好的就学。)此纸可粘学堂墙壁,日看一遍。

## 与孝威、孝宽

　　我于廿八日开船,是夜泊三汉矶,廿九日泊湘阴县城外,三十日即过湖抵岳州。南风甚正,舟行顺速,可毋念也。

　　我此次北行,非其素志。尔等虽小,当亦略知一二。世局如何,家事如何,均不必为尔等言之。惟刻难忘者,尔等近年读书无甚进境，气质毫未变化；恐日复一日，将求为寻常子弟不可得，空负我一片期望之心耳。夜间思及，辄不成眠。今复为尔等言之。尔等能领受与否，我不能强之，然固不能已于言也。

读书要目到、口到、心到。尔读书不看清字画偏旁，不辨明句读，不记清首尾，是目不到也。喉、舌、唇、牙、齿五音，并不清晰伶俐，朦胧含糊，听不明白，或多几字，或少几字，只图混过，就是口不到也。经传精义奥旨，初学固不能通，至于大略粗解原易明白，稍肯用心体会，一字求一字下落，一句求一句道理，一事求一事原委，虚字审其神气，实字测其义理，自然渐有所悟。一时思索不得，即请先生解说；一时尚未融释，即将上下文或别章别部义理相近者反复推寻，务期了然于心，了然于口，始可放手。总要将此心运在字里行间，时复思绎，乃为心到。今尔等读书总是混过日子，身在案前，耳目不知用到何处，心中胡思乱想，全无收敛归着之时，悠悠忽忽，日复一日，好似读书是答应人家工夫，是欺哄人家、掩饰人家耳目的勾当。昨日所不知不能者，今日仍是不知不能；去年所不知不能者，今年仍是不知不能。孝威今年十五，孝宽今年十四，转眼就长大成人矣。从前所知所能者，究竟能比乡村子弟之佳者否？试自忖之。

读书作人，先要立志。想古来圣贤豪杰是我者般年纪时是何气象？是何学问？是何才干？我现才那一件可以比他？想父母送我读书、延师训课，是何志愿？是何意思？我那一件可以对父母？看同时一辈人，父母常背后夸赞者，是何好样？斥詈者，是何坏样？好样要学，坏样断不可学。心中要想个明白，立定主意，念念要学好，事事要学好；自己坏样一概猛省猛改，断不许少有回护，断不可因循苟且。务期与古时圣贤豪杰少小时志气一般，方可慰父母之心，免被他人耻笑。

志患不立，尤患不坚。偶然听一段好话，听一件好事，亦知歆动羡慕，当时亦说我要与他一样。不过几日几时，此念就不知如何销歇去了。此是尔志不坚，还由不能立志之故。如果一心向上，有何事业不能做成？陶桓公有云："大禹惜寸阴，吾辈当惜分阴。"古人用心之勤如此。韩文公云："业精于勤而荒于嬉。"凡事皆然，不仅读书，而读书更要勤苦，何也？百工技艺，医学、农学，均是一件事，道理尚易通晓。至吾儒读书，天地民物莫非己任，宇宙古今事理均须融澈于心，然后施为有本。人生读书之日最是难得，尔等有成与否，就在此数年上见分晓。若仍如从前悠忽过日，再数年依然故我，还能冒读书名色、充读书人否？思之！思之！

孝威气质轻浮，心思不能沉下。年逾成童而童心未化，视听言动，无非一种轻扬浮躁之气。屡经谕责，毫不知改。孝宽气质昏惰，外蠹内傲，又贪嬉戏，毫无一点好处可取，开卷便昏昏欲睡，全不提醒振作。一至偷闲顽耍，便觉分外精神。年已十四，而诗文不知何物，字画又丑劣不堪。见人好处，不知自愧，真不知将来作何等人物。我在家时常训督，未见悛改。今我出门，想起尔等顽钝不成材料光景，心中片刻不能放下。尔等如有人心，想尔父此段苦心，亦知自愧自恨，求痛改前非以慰我否？

亲朋中子弟佳者颇少。我不在家，尔等在塾读书，不必应酬交接，外受傅训，入奉母仪，可也。

读书用功，最要专一无间断。今年以我北行之故，亲朋子侄来家送我，先生又以送考耽误功课，闻二月初三四始能上馆。所谓"一年之计在于春"者又去月余矣。若夏秋有科考，则忙忙碌碌又过一年，如何是好！今特谕尔，自二月初一日起，将每日功课，按月各写一小本寄京一次，便我查阅。如先生是日未在馆，亦即注明，使我知之。屋前街道，屋后菜园，不准擅出行走。如奉母命出外，亦须速出速归。出必告，反必面。断不可任意往来。

同学之友，如果诚实发愤，无妄言妄动，固宜引为同类。倘或不然，则同斋割席，勿与亲昵为要。

家中书籍，勿轻易借人，恐有损失；如必须借看者，每借去则粘一条于书架，注明某日某人借去某书，以便随时取回。


## 与孝威

尔年已渐长，读书最为要事。所贵读书者，为能明白事理。学作圣贤，不在科名一路，如果是品端学优之君子，即不得科第亦自尊贵。若徒然写一笔时派字，作几句工致诗，摹几篇时下八股，骗一个秀才、举人、进士、翰林，究竟是甚么人物？尔父二十七岁以后即不赴会试，只想读书课子以绵世泽，守此耕读家风，作一个好人，留些榜样与后辈看而已。生尔等最迟，盼尔等最切。前因尔等不知好学，故尝以科名歆动尔，其实尔等能向学作好人，我岂望尔等科名哉！来书言每日作文一篇，三、六、九日作文两篇。虽见尔近来力学远胜从前，然但想赴小试做秀才，志趣尚非远大。且尔向来体气薄弱，自去春病后，形容憔悴，尚未复元，我与尔母每以为忧，尔亦知之矣。

读书能令人心旷神怡，聪明强固，盖义理悦心之效也。若徒然信口诵读而无得于心，如和尚念经一般，不但毫无意趣，且久坐伤血，久读伤气，于身体有损。徒然揣摩时尚腔调而不求之于理，如戏子演戏一般，上台是忠臣孝子，下台仍一贱汉。且描摹刻画，勾心斗角，徒耗心神，尤于身体有损。近来时事日坏，都由人才不佳。人才之少，由于专心做时下科名之学者多，留心本原之学者少。且人生精力有限，尽用之科名之学，到一旦大事当前，心神耗尽，胆气薄弱，反不如乡里粗才尚能集事，尚有担当。试看近时人才有一从八股出身者否？八股愈做得入格，人才愈见庸下。此我阅历有得之言，非好骂时下自命为文人学士者也。读书要循序渐进，熟读深思，务在从容涵泳，以博其义理之趣，不可只做苟且草率工夫，所以养心者在此，所以养身者在此。府试、院试如尚未过，即不必与试。我不望尔成个世俗之名，只要尔读书明理，将来做一个好秀才，即是大幸。军中事多，不及详示。因尔信如此，故略言之。

## 与孝威

吾家积代寒素，先世苦况百纸不能详。尔母归我时，我已举于乡，境遇较前稍异，然吾与尔母言及先世艰窘之状，未尝不泣下沾襟也。吾二十九初度时，在小淹馆中曾作诗八首，中一首述及吾父母贫苦之状，有四句云："研田终岁营儿铺，糠屑经时当夕飧。乾坤忧痛何时毕？忍属儿孙咬菜根。"至今每一讽咏及之，犹悲怆不能自已。自入军以来，非宴客不用海菜，穷冬犹衣缊袍，冀与士卒同此苦趣，亦念享受不可丰，恐先世所贻余福至吾身而折尽耳。古人训子弟以"咬得菜根，百事可作"，若吾家则更宜有进于此者，菜根视糠屑，则已为可口矣。尔曹念之，忍效纨绔所为乎？

更有一语嘱尔：近时聪明子弟，文艺粗有可观，便自高位置，于人多所凌忽。不但同辈中无诚心推许之人，即名辈居先者亦貌敬而心薄之。举止轻脱，疏放自喜，更事日浅，偏好纵言旷论；德业不加进，偏好闻人过失。好以言语侮人，文字讥人，与轻薄之徒互相标榜，自命为名士，此近时所谓名士气。吾少时亦曾犯此，中年稍稍读书，又得师友箴规之益，乃少自损抑。每一念及从前倨傲之态、诞妄之谈，时觉惭赧。尔母或笑举前事相规，辄掩耳不欲听也。

## 与孝威

所论重经济而轻文章亦有所见，然文章亦谈何容易。且无论古之所谓文章者何若，即说韩、柳、欧、苏之古文，李、杜之诗，皆尽一生聪明学问然后得以名世，古今能几及者究有几人？又无论此等文章，即八股文、排律诗，若要作得妥当，语语皆印心而出，亦一代可得几人？一人可得几篇乎？今之论者动谓人才之不及古昔由于八股误之，至以八股人才相诟病。我现在想寻几个八股人才与之讲求军政、学习吏事亦了不可得。间有一二曾由八股得科名者，其心思较之他人尚易入理，与之说几句《四书》，说几句《大注》，即目前事物随时指点，是较未读书之人容易开悟许多。可见真作八股者必体玩书理，时有几句圣贤话头留在口边，究是不同也。

小时志趣要远大，高谈阔论固自不妨。但须时时反躬自问：我口边是如此说话，我胸中究有者般道理否？我说人家作得不是，我自己作事时又何如？即如看人家好文章，亦要仔细去寻他思路，摩他笔路，仿他腔调。看时就要着想：要是我做者篇文字必会是如何，他却不然，所以比我强。先看通篇，次则分起，节节看下去，一字一句都要细心体会，方晓得他的好处，方学得他的好处，亦是不容易的。心思能如此用惯，则以后遇大小事，到手便不至粗浮苟且。我看尔喜看书，却不肯用心。我小来亦有此病，且曾自夸目力之捷，究竟未曾仔细，了无所得，尔当戒之。

子弟之资分各有不同，总是书气不可少。好读书之人自有书气，外面一切嗜好不能诱之。世之所贵读书寒士者，以其用心苦（读书），境遇苦（寒士），可望成材也。若读书不耐苦，则无所用心之人；境遇不耐苦，则无所成就之人。如朱表兄、黎姊丈即前鉴也，尔当远之。

我在军中，作一日是一日，作一事是一事，日日检点，总觉得自己多少不是，多少欠缺，方知陆清献公诗"老大始知气质驳"一句真是阅历后语。少年志高言大，我最欢喜。却愁心思一放，便难收束，以后恃才傲物、是己非人种种毛病都从此出。如学生荒疏之后，看人好文章总觉得不如我，渐成目高手低之病。人家背后讪笑，自己反得意也，尔当识之。

## 与孝威

尔意必欲会试，吾不尔阻。其实则帖括之学亦无害于学问，且可藉此磨砻心性。只如八股一种，若作得精切妥惬亦极不易。非多读经书，博其义理之趣，多看经世有用之书，求诸事物之理，亦不能言之当于人心也。尔初学浅尝，固宜其视此太易。今岁并未见尔寄文字来，阅字画亦无长进，可见尔之不曾用心读书，不留心学帖，乃妄意幸博科第，以便专心有用之学，吾所不解。曾记冯钝吟先生有云："小时志大言大，父师切勿抑之。"此为庸俗父兄之拘束佳弟子者也。若尔之性质不逾中人，而我之教汝者并不在科第之学，自不得以此例之。且尔欲为有用之学，岂可不读书？欲轰轰烈烈作一个有用之人，岂必定由科第？汝父四十八九犹一举人，不数年位至督抚，亦何尝由进士出身耶？当其未作官时，亦何尝不为科第之学？亦何尝以会试为事？今尔欲急赴会试以博科名，欲幸得科名以便为有用之学，视读书致用为两事，吾所不解也。大约近日颇事游嬉，未尝学问，故不觉言之放旷如此。尔欲由湖南赴京，亦听尔之便。吾以五年未见尔，故欲尔来浙，即由浙进京。

## 与孝威

自古功名振世之人，大都早年备尝辛苦，至晚岁事权到手乃有建树，未闻早达而能大有所成者。天道非翕聚不能发舒，人事非历练不能通晓。《孟子》"孤臣孽子"一章，原其所以达之故，在于操心危、虑患深，正谓此也。儿但知吾频年事功之易，不知吾频年涉历之难；但知此日肃清之易，不知吾后此负荷之难。观儿上尔母书谓"闽事当易了办"一语，可见儿之易视天下事也。《书》曰："思其艰以图其易。"又曰："臣克艰厥臣。"古人建立丰功伟绩，无不本其难其慎之心出之，事后尚不敢稍自放恣，则事前更可知矣。少年意气正盛，视天下无难事，及至事务盘错，一再无成，而后爽然自失，岂不可惜？

……

至交游，必择其胜我者，一言一动必慎其悔，尤为切近之图。断不可旷言高论，自蹈轻浮恶习；不可胡思乱作，致为下流之归。儿当谨记吾言，不复多告。

## 与孝威

日间潜心读书、写字、作试帖，须自立工课，有恒无间，自有益处。意念宜沉静收敛，所有妄言妄动须日一检点。能自知有过则过亦少，知有过而渐知愧改则业自进。

吾家积代寒素，至吾身而上膺国家重寄，忝窃至此，尝用为惧。一则先世艰苦太甚，吾虽勤瘁半生，而身所享受尝有先世所不逮者，惧累叶余庆将自吾而止也。二则尔曹学业未成，遽忝科目，人以世家子弟相待，规益之言少入于耳，易长矜夸之气，惧流俗纨绔之习将自此而开也。爵赏之荣，两疏固辞，未蒙鉴允，自不敢再有陈渎。然忧患之念，日积怀来矣。

## 与孝威

会试不中甚好。科名一事太侥幸，太顺遂，未有能善其后者；况所寄文稿本不佳，无中之理乎。芝岑书来，意欲尔捐行走分部，且俟下次会试再说。我生平于仕宦一事最无系恋慕爱之意，亦不以仕宦望子弟。谚云："富贵怕见开花。"我一书生忝窃至此，从枯寂至显荣不过数年，可谓速化之至。绚烂之极正衰歇之征，惟当尽心尽力，上报国恩，下拯黎庶，做完我一生应做之事，为尔等留些许地步。尔等更能蕴蓄培养，较之寒素子弟加倍勤苦努力，则诗书世泽或犹可引之弗替，不至一旦澌灭殆尽也。

世俗中人见人家兴旺辄生忌嫉心，忌嫉无所施则谀谄逢迎以求济其欲。为子弟者以寡交游、绝谐谑为第一要务，不可稍涉高兴，稍露矜肆。其源头仍在"勤苦力学"四字，勤苦则奢淫之念不禁自无，力学则游惰之念不禁自无，而学业人品乃可与寒素相等矣。尔在诸子中年稍长，性识颇易于开悟，故我望尔自勉以勉诸弟也。都中景况我亦有所闻，仕习人才均未见如何振奋。而时局方艰，可忧之事甚多，外间方面亦极乏才，每一思及辄为郁郁。尔此后且专意读书，暂勿入世为是。古人经济学问都在萧闲寂寞中练习出来。积之既久，一旦事权到手，随时举而措之，有一二桩大节目事办得妥当，便足名世。目今人称之为才子、为名士、为佳公子，皆谀词，不足信。即令真是才子、名士、佳公子，亦极无足取耳。识之。

……

润儿今岁原可不应试，文、诗、字无一可望，断不能侥幸。若因家世显耀竟获侥幸，不但人言可畏，且占去寒士进身之阶，于心终有所难安也。尔母于此等处总不能明白，何耶？

## 致孝同

哈密炎热异常，旬日已来，左胁左腿风团复发，不痒而痛，周令诊视，谓肝火甚旺，服凉剂不愈，继以大黄数剂，仍不泄动，比加服元明粉，乃略下两遍，所患乃觉轻减。现停元明粉亦止服过一钱，尚服大黄一二帖，即停止不服，当可复元耳。

宗概从未出过远门，不知行路之难，可传我意，请其秋凉速归。昭煦上年在肃一病几殆，容易调治痊愈，始得生还。此次复又来肃，意欲何为？若云学习公事，试自问可学何事？大营又有何事可学？我年七十矣，从未得子侄之力，亦并不以此望诸子侄。乃子侄必欲累我，一累不已，且至于再，何耶？可以此信给昭煦看，令其速归，勿许久留为要。宗概家贫远出，可给盘川银五十两。昭煦此来，准酌帮路费十六两。

七月以后天气渐凉，尔可奉生母挈眷回兰，细心读书，专意务正，免贻我忧。楷字总少帖意，是临摹欠工夫，亦由心胸中少书味耳。及时力学，尚不为迟。来秉内有"庶觉阴侵，稍可避暑"两语，"阴侵"两字殊不妥，"侵"或是浸字之误耶？

语云："秀才不中举，归家作小题。"盖谓多做大题则思致庸钝，词意肤泛，摇笔满纸，尽是陈言，何有一语道着？宜其不能动人心目也。要作几篇好八股殊不容易。多读书则义理不隔，肯用心则题蕴毕宣，而又于"法""脉"两字细细推寻，多求其合，乃可望有长进。若下笔构思尽归端宽一路，将终身无悟入处矣。

# 名人评价

我们家庭一直非常强调左宗棠的清廉从政与爱国主义，尽管他没给我们留下丰厚的财产，但他的清廉与爱国让左家几代人都非常骄傲。

——左焕琛

国家不可一日无湖南，即湖南不可一日无宗棠也。

——潘祖荫

论兵战，吾不如左宗棠；为国尽忠，亦以季高为冠。国幸有左宗棠也。

——曾国藩

周旋三十年，和而不同，矜而不争，唯先生知我；焜耀九重诏，文以治内，武以治外，为天下惜公。

——李鸿章

# 你对左宗棠了解多少？

1. 左宗棠，字_____，号_____，湖南_____（地名）人。晚清著名_____、_____、民族英雄、_____代表人物之一，与曾国藩等人并称"_____"。

2. 左宗棠出生于公元_____年，即清仁宗_____（年号）十七年。

3. 左宗棠家里有先祖传下的数十亩薄田，祖父名为_____，曾当过国子监生；父亲名为_____，曾考中秀才，所以左家称得上是"耕读世家"。

4. 左宗棠三岁开始，随祖父左人锦在家乡"_____"（书屋名）读书，聪颖机智，备受宠爱。

5. "昔之勇士亡于二桃，今之廉士生于二李"，其中"二桃"典故出自古诗《_____》。

6. 除了经书之外，左宗棠还喜欢读史书，他非常仰慕那些有大气节、成大事业的英雄人物，比如_____、_____等人，将他们视为学习的榜样。

7. 左宗棠_____岁参加童子试，并顺利通过。在府试中文章写得很出彩，得到长沙知府_____的欣赏，将其列为第二名。

8. 道光九年（1829年），左宗棠偶然从长沙书铺购得_____所著的《读史方舆纪要》，后又购得_____撰著的《天下郡国利病书》、_____编撰的《水道提纲》，还有_____和_____等人编纂的《皇朝经世文编》等书籍，朝夕研读，使他眼界大开，开始接触经世致用之学。

9. 道光十年（1830年）冬，左宗棠拜访了前江苏布政使、著名的经世派学者_____，请其指点文章，借阅藏书，后经其推荐，入长沙_____（书院名）读书求学。

10. "六朝花月毫端扫，万里江山眼底横。开口能谈天下事，读书深抱古人情。"这首夸奖左宗棠的诗，作者是_____。

11. 在长沙求学期间，左宗棠结识了好朋友_____，他们都喜欢研究舆地与兵法，这位好友后来多次向朝中重臣举荐左宗棠。

12. 当时，湖南巡抚吴荣光在长沙开设_____，定期举行考试，左宗棠一年中_____次获得了第一名，在长沙士人中的名声逐渐变得响亮起来。

13. 道光十二年（1832年），为贺道光皇帝五十寿辰特开"恩科"，命各省主考官搜阅遗卷，择优推荐，以显示皇恩浩荡。左宗棠就是在此次"搜遗"中脱颖而出的，他的文章《_____》，得到主考官_____赏识，列为六卷之首。

14. 左宗棠的妻子，名为_____，容貌端庄，博通经史，长于吟咏，常与丈夫相互酬作唱和，是左宗棠成就伟业的贤内助，亦是好知己。

15. 左宗棠参加了_____次会试，均落榜。

16. 道光十五年（1835年）春，左宗棠第_____次参加会试，所写文章受到主考官_____青睐，初步定为湖南省第十五名，因这年采取区域名额分配制，湖南名额已满，改录为_____。左宗棠不愿屈就，归湘潭。

17. 道光十七年（1837年），左宗棠赴醴陵，入_____（书院名）讲学。为了欢迎著名经世派官员、时任两江总督的_____回乡，左宗棠写了一副对联："春殿语从容，廿载家山印心石在。大江流日夜，八州子弟翘首公归。"从此，二人成了忘年之交。

18. 道光二十年（1840年），为了完成忘年知己的遗愿，左宗棠赴湖南安化，入陶氏家馆，以塾师身份教导好友的独子_____，历时八年，后来还将长女嫁于他，真正做到了一诺千金。

19. 道光二十九年十一月二十一日，即____年____月____日林则徐邀请左宗棠在长沙湘江小舟中夜谈，促使他坚定了抵御外侮、富国强兵的志向。

20. 咸丰二年（1852年），太平军围攻长沙，经胡林翼推荐，时任湖南巡抚的_____请左宗棠入幕府，参谋军事。从此，左宗棠开始仕途生涯。

21. 咸丰四年（1854年）正月，太平军再度进攻湖南，时任湖南巡抚的_____请左宗棠再度入幕府，为其筹划军政事宜，直至咸丰十年（1860年）。

22. 曾国藩在地主团练的基础上组建了一支军队，名为_____，逐渐成为抗击太平军的主力。后来，左宗棠命湖南旧将招募五千余乡勇，开赴皖南追剿太平军，这支军队名为_____。

23. 咸丰十一年（1861年），左宗棠采取了_____策略，八战八胜，击败太平军骑兵，夺取景德镇。

24. 同治五年（1866年），时任闽浙总督的左宗棠组织创建总理船政。他调任陕甘总督后，推荐_____担任首任总理船政大臣。

25."大将筹边尚未还，湖湘子弟满天山。新栽杨柳三千里，引得春风度玉关。"这首诗是对左宗棠戈壁种柳的赞美，出自_____所作的《恭诵左公西行甘棠》。

26."苟利国家生死以，岂因祸福避趋之!"出自_____所作《赴戍登程口占示家人》一诗。

27.光绪二年（1876年），左宗棠确定西征战略：_____，五月至八月，平定北疆。光绪三年（1877年），八月至十一月，西征军收复_____，平定南疆。

28.为了对新疆实施更加有效的管理，促进边疆开发治理，左宗棠在收复新疆后不断呼吁设立新疆行省，前后五次上书朝廷陈述此事的重要性，并为此做出了细致可行的预案。最终，在_____年，清廷发布谕旨，正式宣布新疆建省，任命_____为新疆首任巡抚。

29.光绪九年（1883年），中法战起，左宗棠奉诏督办福建军务，他委派部下王德榜回湖南招募数千名"乡勇"，赴安南前线御敌，此军名为_____。

30.由于左宗棠的建议，_____年台湾正式建立行省。

31.左宗棠去世后，清廷追赠他为太傅，谥号_____。

32."诸葛大名垂宇宙，崆峒西极过昆仑。"是时任内阁学士_____所写的挽联，赞颂了左宗棠一生的功绩。

# 你跟左宗棠学会了什么？

1．左宗棠第一次参加会试落榜后，与兄长左宗植谈起一路上见到天灾肆虐，百姓生活十分艰辛，左宗植问他："如果有一天做了官，怎样改善百姓的生活？"左宗棠是如何回答的？

2．左宗棠第二次参加会试，所写文章受到主考官赏识，初步定为湖南省第十五名，但因这年采取区域名额分配制，湖南名额已满，改录为国史馆誊录。左宗棠为什么拒绝就职？

3．第三次会试落榜后，左宗棠为什么决定今后不再参加科举应试，并且潜心农事？

4．道光二十二年（1842 年），清廷被迫同英国议和，签订不平等条约，对此，左宗棠备感悲愤和惆怅，同时也在思索救国之路。左宗棠认为应该如何救国？又做了哪些实事？

5. 洪秀全率领太平军主力大举围困长沙，左宗棠作为军事幕僚，采取了哪些退兵之策？

6. 同治六年（1867年），左宗棠调任陕甘总督，奉命剿除捻军、平定叛乱，西征之前，针对复杂的局势，他确定了怎样的作战方略？

7. 平定回乱时，面对尖锐的阶级矛盾和民族矛盾，左宗棠采取了怎样的策略？

8. 平定陕甘两省的叛乱时，左宗棠采取了哪些措施安抚百姓、稳定局势？

9. 左宗棠收复新疆的意义是什么？

10. 左宗棠病重之际，依然牵挂着国家的安危，他向朝廷提出了哪两条重要建议？

# 参考答案

## 你对左宗棠了解多少?

1. 季高　湘上农人　湘阴　政治家　军事家　洋务派　晚清中兴四大名臣

2. 1812　嘉庆

3. 左人锦　左观澜

4. 梧塘书塾

5. 《梁甫吟》

6. 诸葛亮　岳飞

7. 十四岁　张锡谦

8. 顾祖禹　顾炎武　齐召南　贺长龄　魏源

9. 贺长龄　城南书院

10. 贺熙龄

11. 胡林翼

12. 湘水校经堂　七

13. 《选士厉兵，简练桀俊，专任有功》　徐法绩

14. 周诒端

15. 三

16. 二　温葆深　国史馆誊录

17. 渌江书院　陶澍

18. 陶桄

19. 1850 年 1 月 3 日

20. 张亮基

21. 骆秉章

22. 湘军　楚军

23. 以水制敌

24. 沈葆桢

25. 杨昌濬

26. 林则徐

27. 先北后南，缓进急战　喀喇沙尔、喀什噶尔等南八城

28. 1884　刘锦棠

29. 恪靖定边军

30. 1885

31. 文襄

32. 李鸿藻

# 你跟左宗棠学会了什么?

1. 左宗棠的回答是：最紧要的事务是赈济灾荒、治理河务、整顿盐政，因为这些都直接关系到百姓的福祉。他认为做官的如果不懂得治理荒政之道，就无法改善百姓的生活，更不能为国家分忧。

2. 左宗棠的志向不在于做官，而在于经世致用，报效国家。他的第一位人生良师贺长龄曾告诫过他："幸勿苟且小就，自限其成。"意思是不要轻易屈就于卑微的小官职，苟且偷安，从而限制了自己将来更大的成就或作为。而且左宗棠认为誊录一职确

实辱没了自己的才华，所以，他不肯屈就，宁愿选择三年后会试再考。

3. 左宗棠认为自己已连续参加三次会试，整日读书备考，不仅没帮家里做些什么，反而造成了很大的经济负担。况且，青年时光有限，如果将大好时光都用在每三年举行一次的科举考试上，即使最终能够获取功名，可那时年纪已长，施展抱负、为民谋利、为国分忧的时间也所剩无几了。最重要的是，左宗棠认为科举考试并不是唯一的入仕途径，只要掌握经世致用的知识和技艺，终有一天能够实现自己的理想。

这时，左宗棠已意识到荒政的重要性，而要研究荒政，就必须具备相应的农业知识。因此，他返回湘潭后，开始勤奋攻读农业书籍，还专门开辟出一块地，用自己改良的"区种法"种植和管理作物。取得显著效果后，将这种高效的耕作方法传授给周围百姓。后来，左宗棠写给孩子们的家书中，多次强调两件事，一是耕田，二是读书。

4. 左宗棠认为清廷之所以战败，最大的原因在于军事上不够强大。所以必须改良军事，钻研兵法，探究克敌制胜之道。因此，他阅读大量古代兵学典籍，以及史书中记载的军事案例，还通过各种渠道密切关注中外形势，了解西方各国的历史、地理和军事状况，以做到"知己知彼，百战不殆"。

5. 左宗棠的策略：一是，将城中现存的火炮全部调集到城南，对抗太平军主力；二是，派遣城中精锐部队与城外的援军里应外合，夜袭敌军营寨，扰乱其军心，破坏其补给；三是，增强城外东南方向的布防，从侧翼威胁敌军，以分散其攻城力量。经过左宗棠精心布局，太平军久攻不下，于是撤军北上。

6. 左宗棠的西征方略：一是"先捻后回"，先对付眼下威胁更大的陕西捻军，然后再进军甘肃；二是"缓进急战"，分三路稳健进兵，一旦接触敌军，则力求速战，消灭其有生力量；三是"以炮制骑"，清军缺乏骑兵，所以要成立战车营，用新式火炮来对抗捻军骑兵。

7. 平定回乱之前，很多将领和官员坚决主张彻底剿灭回民武装。但左宗棠并不同意这种观点，他认为：此次陕西百姓之间相互仇杀的恶性事件，起因其实是微不足道的小事，之所以演变成一场大浩劫，是因为双方平时积攒的矛盾太深了。如果一味"剿灭"，且不说回民数量众多，即使凭借杀戮暂时将他们镇压下去，他们和他们的后代，心怀血海深仇，随时可能卷土重来，叛乱根本不可能有真正结束的那一天；更何况，自唐代以来，回民就与汉民杂居，已经在陕西、甘肃这片土地上生存繁衍了一千多年，根源深厚，不可能全部诛杀，不留遗种。反过来说，如果一味"安抚"，而对良民与匪徒不加区分，一概赦免，只会助长回民中奸佞不法之徒的气焰，那么曾经遭受过残酷迫害的数百万汉民，其冤痛得不到伸张，他们就不可能真心信服，日后还会发起报复。所以，必须采用"剿抚兼施"的政策，就是"不论汉民、回民，只分良民、匪徒"，对匪徒务必彻底剿灭，对良民则要尽心安抚，这样才能解开长久的纠纷和仇怨，使两族的百姓共享升平之乐。

8. 平定叛乱的同时，左宗棠没有忽略建设陕甘的大计。首先是恢复秩序、安抚民众。左宗棠命人重新清理和编制户口，将流散逃亡的百姓重新聚集起来，纳入政府管理；在此基础上，向流民和贫苦农民发放种子、农具，减免赋税，鼓励他们开垦荒地、恢复生产。为防止回、汉矛盾再度激化，左宗棠严厉打击挑拨回、汉关系的不法分子，严禁部下对回民采取粗暴"同化"的政策，尊重回民的宗教信仰、生活习惯，在处理日常矛盾时，不偏不倚，以公平公正为原则。

恢复秩序的同时，还注意发展和改善民生。左宗棠主要从两个方面着手：一是开办新式工厂。左宗棠不仅开设了制造军用器械的西安制造局、兰州制造局，还根据这里动物皮毛资源丰富的特点，从德国进口全套设备，开设了兰州机器织呢局，这是中国第一家机器毛纺厂，为闭塞落后的西北带来了一股清新之风。二是进行基础设施建设。西北交通不便，左宗棠在任内动用军队和民夫，大力修桥筑路，改善运输条件。除此之外，左宗棠命军队在闲暇时，植树造林，保护水源，改善生态环境，为今后的农业和商业发展打下基础。


9. 左宗棠收复新疆的意义：一是保证了我国领土的完整性，维护了国家统一，遏制了民族分裂。二是打击了沙俄侵略者的嚣张气焰，粉碎了沙俄和英国勾结阿古柏侵占新疆的企图。三是增强了清政府的信心。四是为在新疆设省、发展新疆经济打下了良好基础。


10. 左宗棠向朝廷提出的两条重要建议是：一是设立海防全政大臣。中法战争中，沿海各督抚各自为政，缺乏协作，使得本就不充裕的海防力量无法形成合力，难以有效应对海上侵略者的威胁。要改变这种局面，就必须设立专职的海防大臣，驻扎于长江口，北卫京津，南控闽越，统一指挥北洋、南洋海军。二是设立单独的台湾行省。台湾岛对于东南沿海来说，就像大陆的钥匙和屏障，具有重要的战略地位。而其孤悬海外的地理特征又使得它屡次遭到日本、法国的侵略，所以巩固和保卫中国台湾是强化清朝国防的极重要事项。因此，应尽快设立台湾行省，加强对台湾岛的开发、治理，强化国防力量。

光绪十一年（1885 年），清廷采纳了左宗棠的建议，批准台湾单独设立行省，任命刘铭传为首任巡抚；又下诏设立海军事务衙门，由奕䜣总揽其事，李鸿章专司筹办。

草根逆袭，大器晚成。
身无半亩，心忧天下。

赠阅